危险货物道路运输安全管理手册丛书

危险货物道路运输全链条安全监管实务

——《危险货物道路运输安全管理办法》学习指南

严季　董倩◎主　编

人民交通出版社股份有限公司

北京

内 容 提 要

本书针对交通运输部、工业和信息化部、公安部、生态环境部、应急管理部、国家市场监督管理总局联合颁布的《危险货物道路运输安全管理办法》，采取逐章梳理问题，并就问题进行解释的方法，详细介绍了危险货物道路运输安全管理基本要求，内容涉及危险货物托运，例外数量与有限数量危险货物运输的特别规定，危险货物承运，危险货物装卸，危险货物运输车辆与罐式车辆罐体、可移动罐柜、罐箱，危险货物运输车辆运行管理，监督检查等8个方面。

本书适合各级交通运输主管部门、道路运输管理机构、危险货物道路运输企业学习使用，供危险化学品的生产、经营、储存、使用和处置环节相关企业参考学习。

图书在版编目（CIP）数据

危险货物道路运输全链条安全监管实务：《危险货物道路运输安全管理办法》学习指南 / 严季，董倩主编. —北京：人民交通出版社股份有限公司，2020.6
　ISBN 978-7-114-16531-3

Ⅰ.①危… Ⅱ.①严…②董… Ⅲ.①公路运输—危险货物运输—交通运输安全—安全管理—指南 Ⅳ.①U492.8-62

中国版本图书馆 CIP 数据核字（2020）第 080790 号

Weixian Huowu Daolu Yunshu Quanliantiao Anquan Jianguan Shiwu

书　　名：	危险货物道路运输全链条安全监管实务——《危险货物道路运输安全管理办法》学习指南
著 作 者：	严 季 董 倩
责任编辑：	姚 旭 薛 亮
责任校对：	赵媛媛
责任印制：	张 凯
出版发行：	人民交通出版社股份有限公司
地　　址：	（100011）北京市朝阳区安定门外外馆斜街 3 号
网　　址：	http：//www.ccpress.com.cn
销售电话：	（010）59757973
总 经 销：	人民交通出版社股份有限公司发行部
经　　销：	各地新华书店
印　　刷：	北京鑫正大印刷有限公司
开　　本：	787×1092　1/16
印　　张：	6
字　　数：	117 千
版　　次：	2020 年 6 月　第 1 版
印　　次：	2020 年 6 月　第 1 次印刷
书　　号：	ISBN 978-7-114-16531-3
定　　价：	36.00 元

（有印刷、装订质量问题的图书由本公司负责调换）

编 写 组

主　编： 严 季　董 倩

副主编： 姚静涛　邓一凡

参　编： 唐群锋　赵国统　张俊逸

参编单位： 瀚弘教育

前言 Preface

为深入贯彻落实党中央国务院的部署要求，切实强化危险货物道路运输安全管理，预防危险货物道路运输事故，保障人民群众生命、财产安全，保护环境，2019年11月10日，交通运输部、工业和信息化部、公安部、生态环境部、应急管理部、国家市场监督管理总局发布了《危险货物道路运输安全管理办法》（交通运输部令2019年第29号，以下简称《办法》），自2020年1月1日起施行。《办法》的出台，对于弥补法规制度存在的漏洞和缝隙，构建"市场主体全流程运行规范、政府部门全链条监管到位、运输服务全要素安全可控"的危险货物道路运输管理体系具有重要意义。

《办法》共10章79条，分为总则，危险货物托运，例外数量与有限数量危险货物运输的特别规定，危险货物承运，危险货物装卸，危险货物运输车辆与罐式车辆罐体、可移动罐柜、罐箱，危险货物运输车辆运行管理，监督检查，法律责任和附则。其主要内容包括五个方面：加强托运、承运、装卸环节管理；明确例外数量、有限数量危险货物等的特别管理要求；加强危险货物运输装备的安全管理；规范危险货物运输车辆运行管控措施；明确各部门监管责任及协作要求。

《办法》是危险货物道路运输企业安全管理的基本要求和工作准则，也是相关管理部门对危险货物道路运输企业进行安全监管的主要依据之一。为了便于危险货物道路运输企业和广大从业者准确把握和深入理解《办法》的各项要求，编者对《办法》的各章节内容进行了解释。希望危险货物道路运输企业始终把人民群众生命安全放在第一位，始终把安全生产放在首要位置，切实履行安全生产主体责任，深刻理解和准确把握《办法》的各项规定，认真按照《办法》的要求，建立健全安全生产各项制度，加强危险货物运输车辆管理和从业人员管理，严格执行安全生产操作规程，切实保障广大群众安全便捷出行。

编者

2020年4月

目 录
Contents

绪论 ··· 1

第一章　危险货物道路运输导则 ··· 10
第一节　我国危险货物道路运输管理概述 ··· 10
第二节　危险货物道路运输管理部门的职责要求 ··· 15
第三节　危险货物道路运输企业的主体责任 ··· 21

第二章　危险货物托运 ·· 26
第一节　依法托运危险货物 ··· 26
第二节　确定危险货物的分类 ·· 31
第三节　确保危险货物的包装符合要求 ··· 33

第三章　例外数量与有限数量危险货物运输的特别规定 ··· 36
第一节　例外数量危险货物运输的规定 ··· 36
第二节　有限数量危险货物运输的规定 ··· 39

第四章　危险货物承运 ·· 42
第一节　依法承运危险货物 ··· 42
第二节　制定危险货物运单 ··· 45
第三节　安全运输要求 ··· 48

第五章　危险货物装卸 ·· 51
第一节　充装前做好查验 ·· 51
第二节　按照相关标准进行装载作业 ·· 53
第三节　建立健全相关查验记录制度 ·· 54
第四节　收货及车辆排空作业要求 ··· 56

第六章　危险货物运输车辆与罐式车辆罐体、可移动罐柜、罐箱 ······························ 58
第一节　危险货物运输车辆产品型号及类型 ··· 58
第二节　常压罐式车辆罐体的生产、检验和使用要求 ·· 60

第三节　可移动罐柜、罐箱的检验和使用要求 …………… 63
第七章　危险货物运输车辆运行管理 ………………………………… 66
　　第一节　危险货物运输人员和运输车辆要求 ………………… 66
　　第二节　运输过程中的安全要求 ……………………………… 68
第八章　监督检查 ……………………………………………………… 71
　　第一节　负有安全监督管理职责的部门的监督检查职责 …… 71
　　第二节　对危险货物道路运输监督执法的工作机制 ………… 71
附录　危险废物、医疗废物、民用爆炸物品、烟花爆竹、放射性物品
　　　道路运输有关要求 …………………………………………… 73

绪　论

我国是危险化学品、爆炸物品、放射性物品等危险物品的生产和使用大国，也是危险货物道路运输大国。近年来，我国危险货物道路运输行业管理不断规范、发展形势持续向好，但危险货物道路运输事故依然时有发生，暴露出危险货物道路运输管理中还存在一些漏洞和问题。为深入贯彻落实党中央国务院的部署要求，切实强化危险货物道路运输安全治理，交通运输部、工业和信息化部、公安部、生态环境部、应急管理部、市场监督管理在深入调查研究的基础上，坚持"依法依规、问题导向、对标国际、统筹衔接、部门协同"的原则，制定了《危险货物道路运输安全管理办法》，以弥补法规制度存在的漏洞和缝隙，着力构建"市场主体全流程运行规范、政府部门全链条监管到位、运输服务全要素安全可控"的危险货物道路运输管理体系，让危险货物道路运输更加安全高效。

在危险货物道路运输安全管理工作中，相关行政管理部门要依法行政，相关运输企业要依法经营，这就要求危险货物道路运输管理人员和从业人员不仅要遵守相关法律、法规、国家和行业标准要求，而且要从基本法理出发，了解和掌握有关基本概念，尽职尽责做好本职工作。本部分依据《中华人民共和国立法法》（以下简称《立法法》）和《中华人民共和国行政处罚法》（以下简称《行政处罚法》）介绍基本法理；依据《中华人民共和国标准化法》（以下简称《标准化法》）介绍标准执行要求。

一、《立法法》的有关规定

为了规范立法活动，健全国家立法制度，提高立法质量，完善中国特色社会主义法律体系，发挥立法的引领和推动作用，保障和发展社会主义民主，全面推进依法治国，建设社会主义法治国家，根据宪法制定颁布了《立法法》。本法包括总则，法律，行政法规，地方性法规、自治条例和单行条例、规章，适用与备案审查，附则；共6章，105条；于2015年3月15日最新修改。

1. 基本概念

（1）法律。法律是由全国人民代表大会和全国人民代表大会常务委员会通过，国家主席签署主席令予以公布的。如《中华人民共和国宪法》《中华人民共和国刑法》《中华人民共和国安全生产法》等。《中华人民共和国宪法》规定了国家的根本制度和根本任务，公民的基本权利和义务，国家机构的组织原则和职权。宪法具有最高的法律效力，一切法律、法规都必须依据宪法，都不得同宪法相抵触。《中华人民共和国固体废物污染环境防治法》对危险废物、医疗废物的道路运输做出了规定。

法律分为基础法、专门法、通用法，法律简称"法"。

> **条文链接**
>
> 《立法法》第七条　全国人民代表大会和全国人民代表大会常务委员会行使国家立法权。全国人民代表大会制定和修改刑事、民事、国家机构的和其他的基本法律。全国人民代表大会常务委员会制定和修改除应当由全国人民代表大会制定的法律以外的其他法律……
>
> 第二十五条　全国人民代表大会通过的法律由国家主席签署主席令予以公布。
>
> 第四十四条　常务委员会通过的法律由国家主席签署主席令予以公布。

（2）行政法规。行政法规由国务院根据宪法和法律制定，总理签署国务院令予以公布。如《中华人民共和国道路运输条例》（国务院令第406号，以下简称《道路运输条例》）、《危险化学品安全管理条例》（国务院令第591号）、《放射性物品运输安全管理条例》（国务院令第562号）、《民用爆炸物品安全管理条例》（国务院令第466号）、《烟花爆竹安全管理条例》（国务院令第455号）、《医疗废物安全管理条例》（国务院令第380号）等。

行政法规的法律效力低于法律，行政法规简称"规"。我们常讲的，"依法依规"就是讲的"依据法律、依据行政法规"。我国现行法规分为行政法规和地方性法规两种。

> **条文链接**
>
> 《立法法》第六十五条　国务院根据宪法和法律，制定行政法规。行政法规可以就下列事项作出规定：
>
> （一）为执行法律的规定需要制定行政法规的事项；
>
> （二）宪法第八十九条规定的国务院行政管理职权的事项。
>
> 第七十条　行政法规由总理签署国务院令公布……

（3）部门规章。部门规章是由国务院各部、委员会、中国人民银行、审计署和具有行政管理职能的直属机构，根据法律和国务院的行政法规、决定、命令，在本部门的权限范围内制定的。以交通运输部为例，其"部门规章"是由部务会议通过，部长签发、公布的部令。如《道路危险货物运输管理规定》（交通运输部令2019年第42号）等。

关于部门规章，《立法法》提出了3项要求：

①没有法律或者国务院的行政法规、决定、命令的依据，部门规章不得设定减损公民、法人和其他组织权利或者增加其义务的规范，不得增加本部门的权力或者减少本部门的法定职责。

②地方人民政府（省、自治区、直辖市和设区的市、自治州），可以根据法律、行政法规和本省、自治区、直辖市的地方性法规，制定规章。

③部门规章之间、部门规章与地方政府规章之间具有同等效力。

> **条文链接**
>
> 《立法法》第八十条 国务院各部、委员会、中国人民银行、审计署和具有行政管理职能的直属机构,可以根据法律和国务院的行政法规、决定、命令,在本部门的权限范围内,制定规章。部门规章规定的事项应当属于执行法律或者国务院的行政法规、决定、命令的事项。没有法律或者国务院的行政法规、决定、命令的依据,部门规章不得设定减损公民、法人和其他组织权利或者增加其义务的规范,不得增加本部门的权力或者减少本部门的法定职责。
>
> 第八十二条 省、自治区、直辖市和设区的市、自治州的人民政府,可以根据法律、行政法规和本省、自治区、直辖市的地方性法规,制定规章。地方政府规章可以就下列事项作出规定:
>
> (一)为执行法律、行政法规、地方性法规的规定需要制定规章的事项;
>
> (二)属于本行政区域的具体行政管理事项。
>
> 第九十一条 部门规章之间、部门规章与地方政府规章之间具有同等效力,在各自的权限范围内施行。

(4)行政规范性文件。行政规范性文件是由行政机关或者经法律、法规授权的具有管理公共事务职能的组织(以下统称行政机关)依照法定权限、程序制定并公开发布的,涉及公民、法人和其他组织权利义务,具有普遍约束力,在一定期限内反复适用的公文。如《公路水路行业安全生产风险管理暂行办法》(交安监发〔2017〕60号),本办法自2018年1月1日起开始施行,有效期3年。行政规范性文件,必须要合法有效(符合法律、法规、规章的规定),故国务院要求对规范性文件进行合法性审核。

> **条文链接**
>
> 《立法法》第八十七条 宪法具有最高的法律效力,一切法律、行政法规、地方性法规、自治条例和单行条例、规章都不得同宪法相抵触。
>
> 第八十八条 法律的效力高于行政法规、地方性法规、规章。行政法规的效力高于地方性法规、规章。

综上所述,法规文件的效力(层次)依次为:法律(法)、行政法规(规)、部门规章、行政规范性文件,如图0-1所示。

2. 法规执行原则

1)下位法服从上位法

"下位法服从上位法"是指,当下位法(包括部门规章)违背上位法时,下位法应进行修改或废止,如没有进行修改,在执行时必须自动调整为上位法的要求。随着上位法的不断调整,加之有些下位法发布的时间较长远,故有时在自动调整或废止时并不需要相关部门专门发文告知。如《危险货物道路运输安全管理办法》(交通运输部令2019年第29号)是多部门联合规章,法律效力低于行政法规《危险化学品安全管理条例》《民用爆炸物品安全管理条例》《烟花爆竹安全管理条例》《放射性物品运输安全管理条例》等。

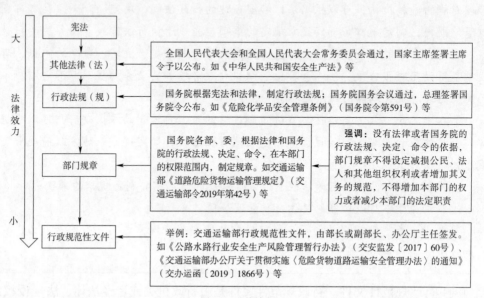

图0-1 法律效力

2)专项法规优于通用法规

"专项法规优于通用法规"是指在同级法规比较时,专项法规优于通用法规。如《危险化学品安全管理条例》(国务院令第591号)在附则第九十七条第二款中明确了"民用爆炸物品、烟花爆竹、放射性物品、核能物质以及用于国防科研生产的危险化学品的安全管理,不适用本条例",故民用爆炸物品、烟花爆竹道路运输不需要执行《危险化学品安全管理条例》《道路运输条例》《道路危险货物运输管理规定》,而应严格执行《民用爆炸物品安全管理条例》(国务院令第466号)、《烟花爆竹安全管理条例》(国务院令第455号)。交通运输部为解释其有关法律关系和有关单位的问题,专门印发了《关于〈关于民用爆炸物品运输是否应纳入道路危险货物运输行业管理的请示〉的复函》(交运发〔2010〕105号)、《关于对采用集装箱运输奥运会烟花爆竹的批复》(厅公路便〔2008〕20号)。

同时要注意,后颁布法规的适用性优先于先颁布法规的适用性。

条文链接

《立法法》第九十二条 同一机关制定的法律、行政法规、地方性法规、自治条例和单行条例、规章,特别规定与一般规定不一致的,适用特别规定;新的规定与旧的规定不一致的,适用新的规定。

二、《行政处罚法》的有关规定

为了规范行政处罚的设定和实施，保障和监督行政机关有效实施行政管理，维护公共利益和社会秩序，保护公民、法人或者其他组织的合法权益，根据宪法制定颁布了《行政处罚法》。本法包括总则，行政处罚的种类和设定，行政处罚的实施机关，行政处罚的管辖和适用，行政处罚的决定，行政处罚的执行，法律责任，附则；共8章，64条；于1996年10月1日开始施行。

1. 国务院各部、委的规章设定行政处罚权

《行政处罚法》第二章行政处罚的种类和设定第十二条是关于国务院各部、委的规章设定行政处罚权的规定。

（1）国务院部、委制定的规章可以规定的行政处罚，应在法律、行政法规关于行政处罚规定的行为、种类和幅度范围之内做出具体规定。

（2）尚未制定法律、行政法规规定的，国务院部、委制定的规章，可以设定的行政处罚只限于警告或者一定数量的罚款。为了规范罚款，罚款的具体限额要报国务院根据不同情况予以规定。也就是说，这些机构经国务院授权可以适用规章设定行政处罚的规定。

2. 国务院关于贯彻实施《行政处罚法》的通知

《国务院关于贯彻实施<中华人民共和国行政处罚法>的通知》规定，国务院各部门制定的规章对非经营活动中的违法行为设定罚款不得超过1000元；对经营活动中的违法行为，有违法所得的，设定罚款不得超过违法所得的3倍，但是最高不得超过30000元，没有违法所得的，设定罚款不得超过10000元。

关于部门规章的行政处罚权限，如图0-2所示。

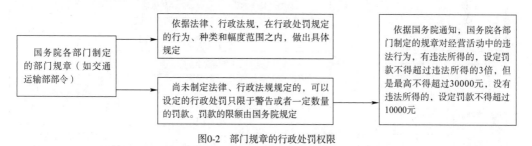

图0-2　部门规章的行政处罚权限

三、标准执行要求

为了发展社会主义商品经济，促进技术进步，改进产品质量，提高社会经济效益，维护国家和人民的利益，使标准化工作适应社会主义现代化建设和发展对外经济关系的需要，根据宪法制定颁布了《标准化法》。本法包括总则，标准的制定，标准的实施，监督管理、法律责任，附则；共6章45条；于2017年11月4日最新修改。

1. 标准分类和层次

《标准化法》第二条规定，标准包括国家标准、行业标准、地方标准和团体标准、企业标准。国家标准分为强制性标准、推荐性标准，行业标准、地方标准是推荐性标准。强制性标准必须执行。国家鼓励采用推荐性标准。

标准的层次依次为：国家标准、行业标准、地方标准、企业标准。

2. 标准代码

在我国，标准代码是由汉语拼音缩写+标准顺序号+年份（标准颁布时间）组成的。如《危险货物品名表》的编号是GB 12268—2012。常见标准汉语拼音缩写及含义为：GB代表国家标准，JT代表交通行业标准，GA代表公安标准，AQ代表安监（现应急管理部）标准。汉语拼音缩写加"/T"的，为推荐性标准，否则为强制性标准。

3. 标准执行

《标准化法》规定，强制性标准必须执行。国家鼓励采用推荐性标准。

但在实际工作中，法律、法规、部门规章引用推荐性行业标准后，推荐性行业标准要强制执行。如《道路运输车辆技术管理规定》（交通运输部令2019年第19号）的第二十三条规定，对达标的新车和在用车辆，应当按照《道路运输车辆综合性能要求和检验方法》（GB 18565）、《道路运输车辆技术等级划分和评定要求》（JT/T 198）实施检测和评定……这时，推荐性行业标准《道路运输车辆技术等级划分和评定要求》（JT/T 198）就应该强制执行了。

四、我国涉及危险货物道路运输的法规标准体系

我国涉及危险货物道路运输的法规标准体系如图0-3所示。

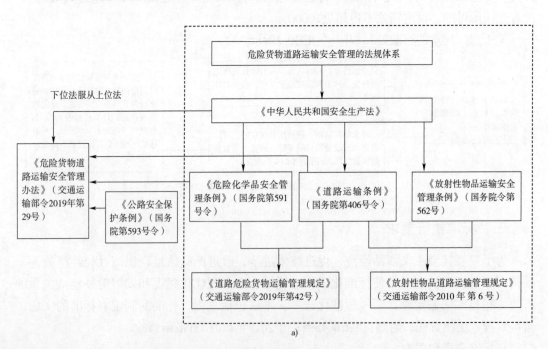

图 0-3

绪 论

```
                    ┌─────────────────────┐
                    │ 危险货物道路运输安全  │
                    │ 管理的标准体系       │
                    └──────────┬──────────┘
                               │
                    ┌──────────▼──────────┐              压力容器
                    │      国家标准        │              技术规程
                    └──────────┬──────────┘
```

- 《道路运输车辆综合性能要求和检验方法》（GB 18565—2016）
- 《危险货物分类和品名编号》（GB 6944—2012）
- 《道路运输危险货物车辆标志》（GB 13392—2005）
- 《移动式压力容器安全技术监察规程》（TSG R0005—2011）

- 《汽车、挂车、汽车列车外廓尺寸、轴荷和质量限值》（GB 1589—2016）

车辆通用标准

- 《危险货物品名表》（GB 12268—2012）

- 《道路运输爆炸品和剧毒化学品车辆安全技术条件》（GB 20300—2018）

- 《危险货物运输包装通用技术条件》（GB 12463—2009）

危险货物及包装标准

- 《道路运输液体危险货物罐式车辆 第1部分：金属常压罐体技术要求》（GB 18564.1—2019）

- 《道路运输液体危险货物罐式车辆 第2部分：非金属常压罐体技术要求》（GB 18564.2—2008）

专用车辆标准

```
                    ┌─────────────────────┐
                    │      行业标准        │
                    └──────────┬──────────┘
```

- 《危险货物道路运输规则》(JT/T 617—2018)
- 《危险货物道路运输营运车辆安全技术条件》（JT/T 1285—2020）
- 《道路运输车辆技术等级划分和评定要求》（JT/T 198—2016）
- 《营运货车燃料消耗量限值及测量方法》（JT/T 719—2016）

- 《危险货物道路运输规则 第1部分：通则》（JT/T 617.1—2018）；
- 《危险货物道路运输规则 第2部分：分类》（JT/T 617.2—2018）；
- 《危险货物道路运输规则 第3部分：品名及运输要求索引》（JT/T 617.3—2018）；
- 《危险货物道路运输规则 第4部分：运输包装使用要求》（JT/T 617.4—2018）；
- 《危险货物道路运输规则 第5部分：托运要求》（JT/T 617.5—2018）；
- 《危险货物道路运输规则 第6部分：装卸条件及作业要求》（JT/T 617.6—2018）；
- 《危险货物道路运输规则 第7部分：运输条件及作业要求》（JT/T 617.7—2018）

- 《危险货物道路运输企业运输事故应急预案编制要求》（JT/T 911—2014）；
- 《危险货物道路运输企业安全生产管理制度编写要求》（JT/T 912—2014）；
- 《危险货物道路运输企业安全生产责任制编写要求》（JT/T 913—2014）；
- 《危险货物道路运输企业安全生产管理档案管理技术要求》（JT/T 914—2014）

b)

图0-3 危险货物道路运输的法规标准体系

五、危险化学品的生命周期

危险化学品的生命周期包括生产、经营、储存、运输、使用和处置6个环节,且各个环节均离不开道路运输。如危险化学品的生产,其生产原料及产品需要道路运输;危险化学品的经营,将危险化学品送至用户需要通过道路运输;危险化学品的储存,将危险化学品运到库房,再从库房运输给用户需要通过道路运输;危险化学品的运输,包括铁路、航空、水运、管道和道路运输;危险化学品的处置,涉及危险废物的收集、储存、运输、利用、处置等环节,其中运输主要指道路运输。危险化学品的生命周期涉及的道路运输如图0-4所示。同时,我国实行危险货物道路运输许可制度,如图0-5所示。

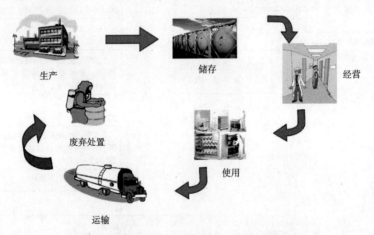

图0-4 危险化学品的生命周期涉及的道路运输图

本书以《危险货物道路运输安全管理办法》为主线,系统介绍危险货物道路运输中的托运、例外数量与有限数量危险货物运输的特别规定,承运、装卸、车辆设备、运行管理等主要环节的安全管理要求。

图0-5 我国实行危险货物道路运输许可制度

第一章　危险货物道路运输导则

第一节　我国危险货物道路运输管理概述

为加强危险货物道路运输安全管理，预防危险货物道路运输事故，保障人民群众生命、财产安全，保护环境，交通运输部、工业和信息化部、公安部、生态环境部、应急管理部、国家市场监督管理总局依据《中华人民共和国安全生产法》（以下简称《安全生产法》）、《道路运输条例》《危险化学品安全管理条例》《公路安全保护条例》等有关法律、行政法规，联合制定发布了《危险货物道路运输安全管理办法》（交通运输部令2019年第29号，以下简称《办法》）。《办法》适用于对使用道路运输车辆从事危险货物运输及相关活动的安全管理。

> **《办法》条款**
>
> 第一条　为了加强危险货物道路运输安全管理，预防危险货物道路运输事故，保障人民群众生命、财产安全，保护环境，依据《中华人民共和国安全生产法》《中华人民共和国道路运输条例》《危险化学品安全管理条例》《公路安全保护条例》等有关法律、行政法规，制定本办法。
>
> 第二条　对使用道路运输车辆从事危险货物运输及相关活动的安全管理，适用本办法。

一、我国危险货物道路运输现状

1. 我国是危险货物生产和使用大国，也是运输大国

危险货物种类繁多，危险化学品约有3000多个品种，危险货物按联合国编号（UN编号）统计有2282个，用途广泛。尤其是作为重要的化工原料，危险货物与国民经济建设（如广泛应用于工业、农业、医药、能源、服装、日化等行业）和人民群众日常生活密切相关，在国民经济和社会发展中发挥着不可替代的作用。我国是危险化学品的生产和使用大国，且随着我国经济和化学工业的快速发展，人们在各个领域使用的危险化学品越来越多。

同时，我国也是危险货物运输大国。由于道路运输具有"机动""灵活"和"门到门服务"等明显特点，大部分危险货物是通过道路运输来完成的。据不完全统计，2018年，我国道路运输完成危险货物运输量约11亿t（每天有近300万t的危险物品通过道路运输），占各种运输方式近70%。危险货物的种类和数量也以每年约10%的速度增长，为保障群众衣食住行和生产生活发挥了重要作用。截至2018年底，全国危险货物道路运输业户总数达到1.23万户，危险货物道路运输车辆37.3万辆，户均30辆，从业人员约160万人。

2. 危险货物道路运输存在风险

近年来，我国危险货物道路运输行业管理不断规范、发展形势持续向好。但是由于产销分离、生产区域分布不均衡等原因，95%以上的危险货物需要异地运输。同时，由于危险货物具有易燃易爆等特性，加上道路运输环境较为复杂，运输过程存在重大安全风险，运输安全事故仍时有发生，对人民的安全、健康及我们赖以生存的环境构成了严重威胁。近年来发生的危险货物道路运输重大事故见表1-1。

近年来危险货物道路运输重大事故　　　　表1-1

事　　故	事故性质	事故基本情况 死/伤	事故基本情况 经济损失	司法机关已采取措施人数	建议给予党纪、政纪处分人数
2012年包茂高速公路陕西延安"8·26"特别重大道路交通事故	生产安全责任事故	36人/3人	3160万元	10人	26人
2014年晋济高速公路山西晋城段岩后隧道"3·1"特别重大道路交通危化品燃爆事故	生产安全责任事故	40人/12人	8197万元	33人	33人
2014年沪昆高速公路湖南邵阳段"7·19"特别重大道路交通危化品爆燃事故	生产安全责任事故	58人/2人	5300余万元	35人	72人
2015年山东荣乌高速公路烟台莱州段重大道路交通事故（涉及充装危险货物的罐车）	生产安全责任事故	12人/6人	约1100万元	10人	24人
2017年京石高速公路车辆爆炸燃烧事故	生产安全责任事故	13人/3人重伤	—	—	—

二、危险货物道路运输管理范围

《办法》是依据《安全生产法》《道路运输条例》《危险化学品安全管理条例》《公路安全保护条例》等有关法律、行政法规制定的。

由于《办法》涉及危险废物、民用爆炸物品、烟花爆竹、放射性物品道路运输，而《中华人民共和国固体废物污染环境防治法》《民用爆炸物品安全管理条例》《烟花爆竹安全管理条例》《放射性物品运输安全管理条例》是其安全管理上位法，故也是《办法》的立法依据，必须学习并且优先执行。

鉴于《中华人民共和国固体废物污染环境防治法》《民用爆炸物品安全管理条例》《烟花爆竹安全管理条例》《放射性物品运输安全管理条例》涉及的内容较多且专业，

尤其是依据"专项法规优于通用法规"的基本法理，危险废物（医疗废物）、民用爆炸物品、烟花爆竹、放射性物品道路运输都有其特殊规定，故本书对危险废物（医疗废物）、民用爆炸物品、烟花爆竹、放射性物品道路运输问题做了专题研究，参见附录。下文中凡是涉及危险废物（医疗废物）、民用爆炸物品、烟花爆竹、放射性物品道路运输的内容均不再赘述。

三、有关概念

1. 危险货物

《办法》第七十八条规定，危险货物是指列入《危险货物道路运输规则》（JT/T 617），具有爆炸、易燃、毒害、感染、腐蚀、放射性等危险特性的物质或者物品。《道路危险货物运输管理规定》（交通运输部令2019年第42号）规定，危险货物是指具有爆炸、易燃、毒害、感染、腐蚀等危险特性，在生产、经营、运输、储存、使用和处置中，容易造成人身伤亡、财产损毁或者环境污染而需要特别防护的物质和物品[源于《危险货物分类和品名编号》（GB 6944—2012）]。危险货物以列入国家标准《危险货物品名表》（GB 12268）的为准，未列入《危险货物品名表》的，以有关法律、行政法规的规定或者国务院有关部门公布的结果为准。危险货物的概念见图1-1。

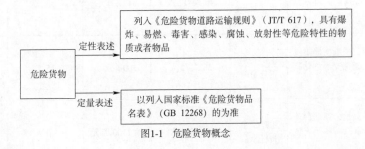

图1-1 危险货物概念

知识链接

国家标准《危险货物分类和品名编号》（GB 6944）和《危险货物品名表》（GB 12268）至今已经使用了近30年（另有1990年版、2005年版、2012年版）。且这两个标准的前言中，分别表述了"本标准与联合国《关于危险货物运输建议书 规章范本》（第16次修订版）第2部分：分类的技术内容一致""本标准与联合国《关于危险货物运输建议书 规章范本》（第16次修订版）第3部分：危险货物一览表、特殊规定和例外的技术内容一致"。

2. 道路和车辆

1）道路

《中华人民共和国道路交通安全法》（以下简称《道路交通安全法》）第一百一十九条规定，道路是指公路、城市道路和在单位管辖范围但允许社会机动车通行的地方，包括广场、公共停车场等用于公众通行的场所。

《中华人民共和国公路法》（以下简称《公路法》）第二条规定，公路包括公路桥梁、公路隧道和公路渡口。公路按其在公路路网中的地位分为国道、省道、县道和乡道，并按技术等级分为高速公路、一级公路、二级公路、三级公路和四级公路。具体划分标准由国务院交通主管部门规定。

2）车辆

《道路交通安全法》规定，车辆包括机动车和非机动车。机动车是指以动力装置驱动或者牵引，上道路行驶的供人员乘用或者用于运送物品以及进行工程专项作业的轮式车辆。非机动车是指以人力或者畜力驱动，上道路行驶的交通工具，以及虽有动力装置驱动但设计最高时速、空车质量、外形尺寸符合有关国家标准的残疾人机动轮椅车、电动自行车等交通工具。

《机动车类型术语及定义》（GA 802—2014）规定，汽车分为载客汽车和载货汽车。

我国对机动车实行登记制度。《道路交通安全法》第八条规定，机动车经公安机关交通管理部门登记后，方可上道路行驶。机动车登记以中华人民共和国机动车行驶证为准，即通过中华人民共和国机动车行驶证的"车辆类型"，就可以确定车辆类型（图1-2）。

图1-2　机动车行驶证的车辆类型

3. 危险货物道路运输

《办法》第二条规定，危险货物道路运输是指使用道路运输车辆从事危险货物运输及相关活动。《道路危险货物运输管理规定》第三条规定，道路危险货物运输是指使用载货汽车通过道路运输危险货物的作业全过程。其中，危险货物以列入强制性国家标准《危险货物品名表》（GB 12268）的为准；道路以《道路交通安全法》的规定为准；运输车辆以载货汽车为准。

1）载货汽车问题

根据危险货物道路运输的定义，交通运输部在全国范围内管理的是"载货汽车"。如牛车、马车往农田运输农药、化肥（其中有些属于危险货物）或者运输柴油给农机加油等（图1-3），则不适用《道路危险货物运输管理规定》，即使用其他车辆（非机动、电动车、低速农用汽车）运输危险货物的，不适用《道路危险货物运输管理规定》。

图1-3 使用非"载货汽车"运输危险货物

场（厂）内专用机动车辆属于特种设备，执行《特种设备安全法》的有关规定。

> **条文链接**
>
> 《特种设备安全法》第二条 特种设备的生产（包括设计、制造、安装、改造、修理）、经营、使用、检验、检测和特种设备安全的监督管理，适用本法。
>
> 本法所称特种设备，是指对人身和财产安全有较大危险性的锅炉、压力容器（含气瓶）、压力管道、电梯、起重机械、客运索道、大型游乐设施、场（厂）内专用机动车辆，以及法律、行政法规规定适用本法的其他特种设备。
>
> 国家对特种设备实行目录管理。特种设备目录由国务院负责特种设备安全监督管理的部门制定，报国务院批准后执行。

2）道路问题

根据危险货物道路运输的定义，机场、码头、大型化工厂内（图1-4），不允许社会机动车通行，故其不属于道路，也不受《道路交通安全法》《道路危险货物运输管理规定》的约束。

图1-4 场（厂）内"道路"

3）空车问题

依据危险货物道路运输的定义，空车（车上没有危险货物）不应该属于危险货物道路运输。但盛装过危险货物、未经消除危险处理、有残留物的空容器，仍按原装危险货物办理托运，理由如下：

（1）常压罐体和盛装过危险货物的空容器（如汽油桶），一般很难将液态危险货物全部卸载干净,导致容器内有残留的液体危险货物。而残留物可能会泄漏或挥发造成危险。

（2）压力罐体和气瓶,为了便于继续储运原装的气体和保证气体的纯洁性（纯度）,不允许有其他气体混入容器,故要求空容器内必须保留有一定的剩余气体和保持一定的压力（要有残留压力）。如乙炔气瓶,为防止空气进入气瓶发生火灾或爆炸,空容器必须保持一定的余压,需要剩余0.5%~1.0%规定充装量的气体。使用氧气时,为在再装氧气时吹除灰尘和避免混进其他气体,最少残留0.1MPa的氧气。

> **条文链接**
>
> 《危险货物道路运输规则 第4部分：运输包装使用要求》（JT/T 617.4—2018）相关要求：
> 5 可移动罐柜的使用要求
> 5.1 使用可移动罐柜运输第1类和第3类~第9类物质的一般规定
> 5.1.5 未进行清洁、残留有气体的空罐柜,应按照先前充装物质的要求进行运输。
> 5.7 使用可移动罐柜运输非冷冻液化气体和加压化学品的一般规定
> 5.7.5 未经清洗或排空的可移动罐柜,应按照先前充装物质的要求进行运输。
> 5.8 使用可移动罐柜运输冷冻液化气体的一般规定
> 5.8.4 未经清洗或排空的可移动罐柜,应按照先前充装物质的要求进行运输。
> 6 罐式车辆罐体的使用要求
> 6.4 未经清洗的空罐体
> 6.4.1 在运输过程中,充装物质的危险残留物不应黏附在罐体的外部。
> 6.4.2 未经清洗的空罐体应按照先前充装物质的要求进行运输。

第二节　危险货物道路运输管理部门的职责要求

我国针对危险货物道路运输管理工作的职责划分为：国务院交通运输主管部门主管全国危险货物道路运输管理工作；县级以上地方人民政府交通运输主管部门负责组织领导本行政区域的危险货物道路运输管理工作；工业和信息化、公安、生态环境、应急管理、市场监督管理等部门按照各自职责,负责对危险货物道路运输相关活动进行监督检查。同时,危险货物道路运输应当坚持安全第一、预防为主、综合治理、便利运输的原则。国家建立危险化学品监管信息共享平台,加强危险货物道路运输安全管理。本节依据行政法规,分别介绍国务院有关部委关于危险货物道路运输管理的职责,以及工作原则和方法。

危险货物道路运输全链条安全监管实务
——《危险货物道路运输安全管理办法》学习指南

《办法》条款

第三条 危险货物道路运输应当坚持安全第一、预防为主、综合治理、便利运输的原则。

第四条 国务院交通运输主管部门主管全国危险货物道路运输管理工作。

县级以上地方人民政府交通运输主管部门负责组织领导本行政区域的危险货物道路运输管理工作。

工业和信息化、公安、生态环境、应急管理、市场监督管理等部门按照各自职责,负责对危险货物道路运输相关活动进行监督检查。

第五条 国家建立危险化学品监管信息共享平台,加强危险货物道路运输安全管理。

一、危险货物道路运输主管部门的职责

1. 交通运输主管部门

《危险化学品安全管理条例》《道路运输条例》《办法》中对交通运输部门有关危险货物道路运输的管理职责进行了规定,具体见表1-2。为了便于读者学习、比较,表中增加了《应急部办公厅征求〈安全生产法(草案征求意见稿)〉意见的函》(应急厅函〔2020〕4号)的相关内容。

交通运输部门职责　　　　　　　　　　　　　　　　　　　　　表1-2

法规(制定《办法》的依据)	《办法》	《安全生产法(草案征求意见稿)》
《危险化学品安全管理条例》第六条第(五)款规定,交通运输主管部门负责危险化学品道路运输的许可以及运输工具的安全管理,负责危险化学品道路运输企业驾驶人员、装卸管理人员、押运人员的资格认定	三关一监督(图1-5)。 三关:企业资质关、车辆技术关、从业人员资格关; 一监督:许可什么、监督什么	第四条第一、二款: 国务院交通运输主管部门主管全国危险货物道路运输管理工作; 县级以上地方人民政府交通运输主管部门负责组织领导本行政区域的危险货物道路运输管理工作	第八章监督检查 第五十二条第一款: (一)交通运输主管部门负责核发危险货物道路运输经营许可证,定期对危险货物道路运输企业动态监控工作的情况进行考核,依法对危险货物道路运输企业进行监督检查,负责对运输环节充装查验、核准、记录等进行监管	第六条第五款: (五)交通运输部门负责危险化学品道路运输的许可以及运输工具的安全管理,负责危险化学品道路运输企业驾驶人员、装卸管理人员、押运员的资格认定
《道路运输条例》第七条规定,国务院交通主管部门主管全国道路运输管理工作; 县级以上地方人民政府交通主管部门负责组织领导本行政区域的道路运输管理工作; 县级以上道路运输管理机构负责具体实施道路运输管理工作	交通运输部门三级管理: 交通运输部,主管; 县级以上地方人民政府交通主管部门,组织领导; 县级以上道路运输管理机构,具体实施		

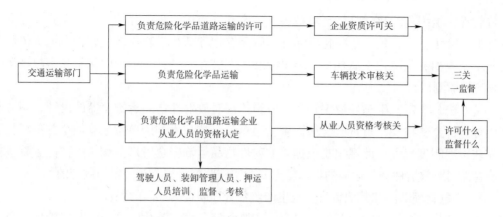

图1-5 三关一监督

根据《国务院关于特大安全事故行政责任追究的规定》（国务院令第302号）第十二条第一款"对依照本规定第十一条第一款❶的规定取得批准的单位和个人，负责行政审批的政府部门或者机构必须对其实施严格监督检查；发现其不再具备安全条件的，必须立即撤销原批准"的规定，可以理解为"许可什么、监督什么"或"谁许可、谁负责"。

2. 其他部委主管部门职责

1）工业和信息化主管部门职责

《办法》规定，工业和信息化主管部门应当依法对《道路机动车辆生产企业及产品公告》内的危险货物运输车辆生产企业进行监督检查，依法查处违法违规生产企业及产品；应当通过《道路机动车辆生产企业及产品公告》公布产品型号，并按照《危险货物运输车辆结构要求》（GB 21668）公布危险货物运输车辆类型。

2）公安机关主管部门的职责

《危险化学品安全管理条例》规定，公安机关负责危险化学品的公共安全管理，核发剧毒化学品购买许可证、剧毒化学品道路运输通行证，并负责危险化学品运输车辆的道路交通安全管理。《办法》规定，公安机关负责核发剧毒化学品道路运输通行证、民用爆炸物品运输许可证、烟花爆竹道路运输许可证和放射性物品运输许可证明或者文件，并负责危险货物运输车辆的通行秩序管理。

核发民用爆炸物品运输许可证、烟花爆竹道路运输许可证和放射性物品运输许可证明或者文件时，分别依据《民用爆炸物品安全管理条例》《烟花爆竹安全管理条例》《放射性物品运输安全管理条例》。

3）生态环境主管部门的职责

《危险化学品安全管理条例》规定，生态环境主管部门负责废弃危险化学品处置的

---

❶《国务院关于特大安全事故行政责任追究的规定》第十一条第一款 依法对涉及安全生产事项负责行政审批（包括批准、核准、许可、注册、认证、颁发证照、竣工验收等，下同）的政府部门或者机构，必须严格依照法律、法规和规章规定的安全条件和程序进行审查；不符合法律、法规和规章规定的安全条件的，不得批准；不符合法律、法规和规章规定的安全条件，弄虚作假，骗取批准或者勾结串通行政审批工作人员取得批准的，负责行政审批的政府部门或者机构除必须立即撤销原批准外，应当对弄虚作假骗取批准或者勾结串通行政审批工作人员的当事人依法给予行政处罚；构成行贿罪或者其他罪的，依法追究刑事责任。

监督管理，组织危险化学品的环境危害性鉴定和环境风险程度评估，确定实施重点环境管理的危险化学品，负责危险化学品环境管理登记和新化学物质环境管理登记；依照职责分工调查相关危险化学品环境污染事故和生态破坏事件，负责危险化学品事故现场的应急环境监测。

《办法》规定，生态环境主管部门应当依法对放射性物品运输容器的设计、制造和使用等进行监督检查，负责监督核设施营运单位、核技术利用单位建立健全并执行托运及充装管理制度规程。此规定是依据《放射性物品运输安全管理条例》中"国务院核安全监管部门对放射性物品运输的核与辐射安全实施监督管理"等规定而制定的。

4）应急管理部门和其他负有安全生产监督管理职责的部门的职责

《危险化学品安全管理条例》规定，安监部门负责危险化学品安全监督管理综合工作，组织确定、公布、调整危险化学品目录，对新建、改建、扩建生产、储存危险化学品（包括使用长输管道输送危险化学品，下同）的建设项目进行安全条件审查，核发危险化学品安全生产许可证、危险化学品安全使用许可证和危险化学品经营许可证，并负责危险化学品登记工作。

《办法》规定，应急管理部门和其他负有安全生产监督管理职责的部门的职责应依法负责危险化学品生产、储存、使用和经营环节的监管，按照职责分工督促企业建立健全充装管理制度规程。

依据《危险化学品安全管理条例》，安监部门负责牵头制定《危险化学品目录》（最新版为2015年版），核发危险化学品安全生产许可证、危险化学品安全使用许可证和危险化学品经营许可证（图1-6），进行危险化学品登记。

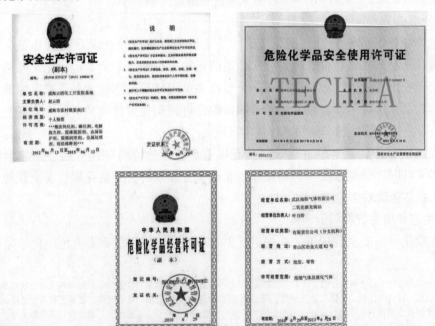

图1-6　许可证样式

5）市场监督管理部门的职责

《危险化学品安全管理条例》规定，质检部门负责核发危险化学品及其包装物、容器（不包括储存危险化学品的固定式大型储罐，下同）生产企业的工业产品生产许可证，并依法对其产品质量实施监督，负责对进出口危险化学品及其包装实施检验。

《办法》规定，市场监督管理部门负责依法查处危险化学品及常压罐式车辆罐体质量违法行为和常压罐式车辆罐体检验机构出具虚假检验合格证书的行为。

为了便于读者学习，并进一步增强法制观念，现将国务院各部委主管部门的职责进行整理，见表1-3。

国务院有关部委职责　　　　　　　　　　　表1-3

《危险化学品安全管理条例》	《办法》	《安全生产法（草案征求意见稿）》
（一）安监部门负责危险化学品安全监督管理综合工作，组织确定、公布、调整危险化学品目录，对新建、改建、扩建生产、储存危险化学品（包括使用长输管道输送危险化学品，下同）的建设项目进行安全条件审查，核发危险化学品安全生产许可证、危险化学品安全使用许可证和危险化学品经营许可证，并负责危险化学品登记工作	（五）应急管理部门和其他负有安全生产监督管理职责的部门依法负责危险化学品生产、储存、使用和经营环节的监管，按照职责分工督促企业建立健全充装管理制度规程	应急管理部门负责危险化学品安全监督管理综合工作。指导协调、督促检查其他有关部门落实危险化学品安全监督管理职责，组织确定、公布、调整危险化学品目录，对新建、改造、扩建生产、储存危险化学品（包括使用长输管道输送危险化学品，下同）的建设项目进行安全条件审查，核发危险化学品安全生产许可证、危险化学品安全使用许可证和危险化学品经营许可证，并负责危险化学品登记工作
（二）公安机关负责危险化学品的公共安全管理，核发剧毒化学品购买许可证、剧毒化学品道路运输通行证，并负责危险化学品运输车辆的道路交通安全管理	（三）公安机关负责核发剧毒化学品道路运输通行证、民用爆炸物品运输许可证、烟花爆竹道路运输许可证和放射性物品运输许可证明或者文件，并负责危险货物运输车辆的通行秩序管理	公安机关负责危险化学品的公共安全管理，核发剧毒化学品购买许可证、剧毒化学品道路运输通行证，并负责危险化学品运输车辆的道路交通安全管理
（三）质检部门负责核发危险化学品及其包装物、容器（不包括储存危险化学品的固定式大型储罐，下同）生产企业的工业产品生产许可证，并依法对其产品质量实施监督，负责对进出口危险化学品及其包装实施检验	（六）市场监督管理部门负责依法查处危险化学品及常压罐式车辆罐体质量违法行为和常压罐式车辆罐体检验机构出具虚假检验合格证书的行为	市场监管部门负责核发危险化学品及其包装物、容器（不包括储存危险化学品的固定式大型储罐，下同）生产企业的工业产品生产许可证，并依法对其质量实施监督，负责对进出口危险化学品及其包装实施检验。依据有关部门的许可证证件，核发危险化学品生产、储存、经营、运输企业营业执照，查处危险化学品经营企业违法采购危险化学品的行为
（四）环保部门负责废弃危险化学品处置的监督管理，组织危险化学品的环境危害性鉴定和环境风险程度评估，确定实施重点环境管理的危险化学品，负责危险化学品环境管理登记和新化学物质环境管理登记；依照职责分工调查相关危险化学品环境污染事故和生态破坏事件，负责危险化学品事故现场的应急环境监测	（四）生态环境主管部门应当依法对放射性物品运输容器的设计、制造和使用等进行监督检查，负责监督核设施营运单位、核技术利用单位建立健全并执行托运及充装管理制度规程	生态环境部门负责废弃危险化学品生产、收集、储存、利用、处置的安全监督管理，组织危险化学品的环境危害性鉴定和环境风险程度评估，确定实施重点环境管理的危险化学品，负责危险化学品环境管理登记，组织实施危险废物经营许可、有毒化学品进口登记和新化学物质环境管理登记；依照职责分工调查相关危险化学品环境污染事故和生态破坏事件，负责危险化学品事故现场的应急环境监测

二、危险货物道路运输安全管理的原则和方法

1. 危险货物道路运输安全管理的原则

《安全生产法》第三条规定,安全生产工作应当以人为本,坚持安全发展,坚持安全第一、预防为主、综合治理的方针,强化和落实生产经营单位的主体责任,建立生产经营单位负责、职工参与、政府监管、行业自律和社会监督的机制。

《办法》依据《安全生产法》在第三条提出,危险货物道路运输应当坚持安全第一、预防为主、综合治理、便利运输的原则。便利运输,既要保证运输安全,又要提高运输效率。这是危险货物道路运输安全管理的目标。

2. 建设危险化学品监管信息共享平台

《办法》第五条提出,国家建立危险化学品监管信息共享平台,加强危险货物道路运输安全管理。

《交通运输部办公厅关于加强危险货物道路运输安全监管系统建设工作的通知》(交办运函〔2017〕333号)指出,交通运输部将建设"危险货物道路运输安全监管系统",具体内容如下:

1)总体目标

到2020年,全国危险货物道路运输安全监管系统基本建成,运用信息化手段实施"联网监管、精准监管、专业监管、协同监管"的格局基本形成,安全监管能力明显提升,为实现危险物品全生命周期信息化安全管理及信息共享奠定了基础。

2)建设思路

部省共建,分级负责。按照"一级采集、一级交换、多级应用"的总体思路推进全国危险货物道路运输监管系统建设工作。全国危险货物道路运输监管系统分为部级危险货物道路运输监管系统和省级危险货物道路运输监管系统。省级危险货物道路运输监管系统由省级交通运输主管部门组织建设,重点实现电子运单等监管信息的采集、分析及应用等功能;部级危货监管系统由部组织建设,重点实现危险货物道路运输安全监管信息交换共享、危险货物管理基础知识库及行业统计分析等功能;市县级交通运输主管部门使用省级危险货物道路运输监管系统相关功能模块具体实施行业监管,不再新建系统。

突出重点,加强创新。以电子运单管理、现场检查管理、企业安全合规量化评估、罐体检测信息应用等业务功能为建设重点。探索建立与保险机构的信息共享与业务协同机制;推广使用视频监控、防碰撞预警等主动安全技术;创新软硬件设备集约化建设,确保系统应用取得良好社会效益与经济效益。

3)职责分工及进度安排

各省(区、市)交通运输主管部门负责各地省级危险货物道路运输监管系统建设工作。省级危险货物道路运输监管系统实行分批建设,交通运输部将于2017年三季度发布省级危险货物道路运输监管系统建设指南。首批省份应于2018年底前完成省级危险货

物道路运输监管系统建设工作,并实现与部级危险货物道路运输监管系统互联互通试运行。其他省份要抓紧时间完善基础条件,要在2020年之前完成省级危险货物道路运输监管系统建设工作,并实现与部级危险货物道路运输监管系统互联互通。

第三节 危险货物道路运输企业的主体责任

《办法》条款

第六条 不得托运、承运法律、行政法规禁止运输的危险货物。

第七条 托运人、承运人、装货人应当制定危险货物道路运输作业查验、记录制度,以及人员安全教育培训、设备管理和岗位操作规程等安全生产管理制度。

托运人、承运人、装货人应当按照相关法律法规和《危险货物道路运输规则》(JT/T 617)要求,对本单位相关从业人员进行岗前安全教育培训和定期安全教育。未经岗前安全教育培训考核合格的人员,不得上岗作业。

托运人、承运人、装货人应当妥善保存安全教育培训及考核记录。岗前安全教育培训及考核记录保存至相关从业人员离职后12个月;定期安全教育记录保存期限不得少于12个月。

第八条 国家鼓励危险货物道路运输企业应用先进技术和装备,实行专业化、集约化经营。

禁止危险货物运输车辆挂靠经营。

一、不得运输法律法规禁止运输的危险货物

《道路运输条例》《道路危险货物运输管理规定》分别规定,不得运输法律法规禁止运输的危险货物。《办法》规定,不得托运、承运法律、行政法规禁止运输的危险货物。

条文链接

《道条》第二十六条第一款 货运经营者不得运输法律、行政法规禁止运输的货物。

《道路危险货物运输管理规定》第三十七条第一款 道路危险货物运输企业或者单位不得运输法律、行政法规禁止运输的货物。

哪些危险货物是禁止运输的,具体由托运人(生产企业)负责确定。托运人(生产企业)依据《危险货物道路运输规则 第2部分:分类》(JT/T 617.2—2018)确定分类,且确认该货物允许进行道路运输。在《危险货物道路运输规则 第2部分:分类》(JT/T 617.2—2018)"5具体规定"中,针对每类危险货物都确定了"不应受理运输的

物质和物品",具体请参考原标准。

> **条文链接**
>
> 《危险货物道路运输规则 第1部分：通则》（JT/T 617.1—2018）相关要求：
> 8.2.1.1 在危险货物交付运输时，托运人应遵循下列要求：
> a）依据JT/T 617.2的规定对危险货物进行分类，且确认该货物允许进行道路运输。
> 《危险货物道路运输规则 第5部分：托运要求》（JT/T 617.5—2018）相关要求：
> 4.1 危险货物交付运输时，托运人应依据JT/T 617.2—2018的规定对危险货物进行分类，且确认该货物允许进行道路运输。

二、制定相关制度

1. 装货人的定义

《办法》第七十八条将装货人定义为，受托运人委托将危险货物装进危险货物车辆、罐式车辆罐体、可移动罐柜、集装箱、散装容器，或者将装有危险货物的包装容器装载到车辆上的企业或者单位。

我国现有关于危险货物（危险化学品）的法规中，涉及了危险货物（危险化学品）生产、储存、使用、经营、运输的企业，托运人、承运人，以及安全生产管理人员、驾驶人员、押运人员、装卸管理人员等概念。"装货人"的概念是首次提出。

> **条文链接**
>
> 《危险货物道路运输规则 第1部分：通则》（JT/T 617.1—2018）相关要求：
> 4.10 装货人 loader
> 承担下列任务的企业或者单位：
> a）将危险货物包件、小型集装箱或可移动罐柜装进车辆或集装箱中；
> b）将集装箱、散装容器、罐式集装箱或可移动罐柜装载在车辆上。

由装货人的定义可知：装货是托运人（生产企业）的生产环节之一。货物（产品）在托运前是属于托运人（生产企业）所有的，如托运人（生产企业）不委托装货，其可自行完成装货作业，这与托运人（生产企业）要负责给本企业货物包装一样。同时，装货人是受托运人委托从事装货作业的，需要与托运人产生合同关系，托运人应依据《安全生产法》对装货人进行安全管理。

> **条文链接**
>
> 《安全生产法》第四十六条 生产经营单位不得将生产经营项目、场所、设备发包或者出租给不具备安全生产条件或者相应资质的单位或者个人。

生产经营项目、场所发包或者出租给其他单位的，生产经营单位应当与承包单位、承租单位签订专门的安全生产管理协议，或者在承包合同、租赁合同中的安全生产约定各自的安全生产管理职责；生产经营单位对承包单位、承租单位工作统一协调、管理，定期进行安全检查，发现安全问题的，应当及时督促整改。

2. 运输作业查验和记录制度

危险货物道路运输作业，对于承运人来讲是运输过程，对于托运人来讲是托运过程，对于装货人来讲是装货过程。由此可知，运输作业查验和记录制度是针对托运人、承运人、装货人的。具体内容请参考第二章至第七章内容。

3. 安全生产管理制度

托运人、承运人、装货人还应制定相关安全生产管理制度，主要包括：人员安全教育培训、设备管理和岗位操作规程等。

《道路危险货物运输管理规定》规定，危险货物道路运输企业（承运人）应有健全的安全生产管理制度。为了指导危险货物道路运输企业制定相关安全生产管理制度，交通运输部颁布了《危险货物道路运输企业安全生产管理制度编写要求》（JT/T 912—2014）。

> **条文链接**
>
> 《道路危险货物运输管理规定》第八条 （四）有健全的安全生产管理制度：
> 1.企业主要负责人、安全管理部门负责人、专职安全管理人员安全生产责任制度。
> 2.从业人员安全生产责任制度。
> 3.安全生产监督检查制度。
> 4.安全生产教育培训制度。
> 5.从业人员、专用车辆、设备及停车场地安全管理制度。
> 6.应急救援预案制度。
> 7.安全生产作业规程。
> 8.安全生产考核与奖惩制度。
> 9.安全事故报告、统计与处理制度。

托运人、承运人、装货人应依据国家有关法规并根据实际工作需要制定相关安全生产管理制度。

（1）从业人员培训方面。危险化学品单位应当对从业人员进行安全教育、法制教育和岗位技术培训。从业人员应当接受教育和培训，考核合格后上岗作业；对有资格要求的岗位，应当配备依法取得相应资格的人员。

（2）安全教育培训方面。这是企业的法定职责，包括岗前培训和定期教育。未经安全生产教育和培训合格的从业人员，不得上岗作业。

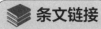

《安全生产法》第二十五条 生产经营单位应当对从业人员进行安全生产教育和培训，保证从业人员具备必要的安全生产知识，熟悉有关的安全生产规章制度和安全操作规程，掌握本岗位的安全操作技能，了解事故应急处理措施，知悉自身在安全生产方面的权利和义务。未经安全生产教育和培训合格的从业人员，不得上岗作业……生产经营单位应当建立安全生产教育和培训档案，如实记录安全生产教育和培训的时间、内容、参加人员以及考核结果等情况。

《危险化学品安全管理条例》第四条第三款 危险化学品单位应当具备法律、行政法规规定和国家标准、行业标准要求的安全条件，建立、健全安全管理规章制度和岗位安全责任制度，对从业人员进行安全教育、法制教育和岗位技术培训。从业人员应当接受教育和培训，考核合格后上岗作业；对有资格要求的岗位，应当配备依法取得相应资格的人员。

《办法》中的处罚条款

第五十六条 交通运输主管部门对危险货物承运人违反本办法第七条，未对从业人员进行安全教育和培训的，应当责令限期改正，可以处5万元以下的罚款；逾期未改正的，责令停产停业整顿，并处5万元以上10万元以下的罚款，对其直接负责的主管人员和其他直接责任人员处1万元以上2万元以下的罚款。

第六十四条 工业和信息化主管部门对作为装货人的民用爆炸物品生产、销售企业违反本办法第七条，未建立健全并严格执行充装或者装载查验、记录制度的，应当责令改正，处1万元以上3万元以下的罚款。

三、禁止危险货物运输车辆挂靠经营

1. 国家鼓励危险货物道路运输企业应用先进技术和装备，实行专业化、集约化经营

企业应用先进技术和装备，实行专业化、集约化经营，有利于企业的资源配置，有利于企业组织结构的调整，有利于在企业应用现代管理科学技术和高科技，有利于提高管理水平和运输安全性，是危险货物道路运输企业的发展方向。同时，使用厢式货车、集装箱（罐式集装箱）等专用车辆运输危险货物，正常运输情形下有利于保护环境卫生，发生事故时有利于施救从而减少事故的危害，保护环境。

据不完全统计，截至2018年底，危险货物道路运输企业平均每户有30辆车，相对普通货物道路运输企业而言，规模更大，也为应用联网联控等先进技术和装备提供了可能。

第一章 危险货物道路运输导则

> **条文链接**
>
> 《道路运输条例》第六条 国家鼓励道路运输企业实行规模化、集约化经营。任何单位和个人不得封锁或者垄断道路运输市场。
>
> 第二十七条 国家鼓励货运经营者实行封闭式运输，保证环境卫生和货物运输安全。

2. 禁止危险货物运输车辆挂靠经营

《道路危险货物运输管理规定》规定，从事危险货物道路运输的企业，要自有专用车辆（挂车除外）5辆以上。提出"自有"的要求，就是要从许可的源头"禁止危险货物运输车辆挂靠经营"。同时，对企业停车场面积的具体规定，也是同样的出发点。

交通运输部办公厅在给湖南交通运输厅的复函中，将"挂靠经营"定义为"道路客运车辆的机动车登记证书及行驶证的所有（权）人不具备道路客运经营资质，但以其他具备资质的企业名义从事道路旅客运输经营的行为。挂靠经营者的相关经营行为由被挂靠的企业承担相应的法律责任"。交通运输部依据上位法《道路运输条例》制定了《道路旅客运输及客运站管理规定》《道路货物运输及站场管理规定》《道路危险货物运输管理规定》等部门规章，故对《道路旅客运输及客运站管理规定》定义的"挂靠经营"，也应当适用《道路货物运输及站场管理规定》《道路危险货物运输管理规定》。

本章内容梳理图如图1-7所示。

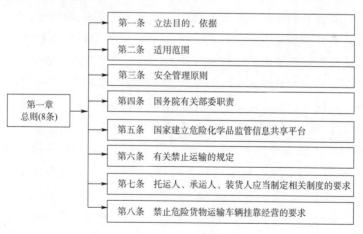

图1-7 本章内容梳理图

第二章　危险货物托运

第一节　依法托运危险货物

> **《办法》条款**
>
> 第九条　危险货物托运人应当委托具有相应危险货物道路运输资质的企业承运危险货物。托运民用爆炸物品、烟花爆竹的，应当委托具有第一类爆炸品或者第一类爆炸品中相应项别运输资质的企业承运。
>
> 第十一条　托运人不得在托运的普通货物中违规夹带危险货物，或者将危险货物匿报、谎报为普通货物托运。
>
> 第十三条　托运人在托运危险货物时，应当向承运人提交电子或者纸质形式的危险货物托运清单。
>
> 危险货物托运清单应当载明危险货物的托运人、承运人、收货人、装货人、始发地、目的地、危险货物的类别、项别、品名、编号、包装及规格、数量、应急联系电话等信息，以及危险货物危险特性、运输注意事项、急救措施、消防措施、泄漏应急处置、次生环境污染处置措施等信息。
>
> 托运人应当妥善保存危险货物托运清单，保存期限不得少于12个月。
>
> 第十四条　托运人应当在危险货物运输期间保持应急联系电话畅通。
>
> 第十五条　托运人托运剧毒化学品、民用爆炸物品、烟花爆竹或者放射性物品的，应当向承运人相应提供公安机关核发的剧毒化学品道路运输通行证、民用爆炸物品运输许可证、烟花爆竹道路运输许可证、放射性物品道路运输许可证明或者文件。
>
> 托运人托运第一类放射性物品的，应当向承运人提供国务院核安全监管部门批准的放射性物品运输核与辐射安全分析报告。
>
> 托运人托运危险废物（包括医疗废物，下同）的，应当向承运人提供生态环境主管部门发放的电子或者纸质形式的危险废物转移联单。

一、托运人要依法托运危险货物

1. 委托具有相应运输资质的企业承运危险货物

《危险化学品安全管理条例》规定，通过道路运输危险化学品的，托运人应当委托依法取得危险货物道路运输许可的企业承运。《道路危险货物运输管理规定》规定，从事危险货物道路运输经营的许可条件包括有符合要求的专用车辆及设备、停车场地、从业人员和安全管理人员以及健全的安全生产管理制度。通过具体化许可条件，严把市场准入关，坚决杜绝不具备安全条件的企业从事危险货物道路运输。

《民用爆炸物品安全管理条例》《烟花爆竹安全管理条例》规定，国家对民用爆炸物品、烟花爆竹的运输实行许可证制度，具体要求参见附录。

📖 《办法》中的处罚条款

第五十七条 对违反本办法第九条，委托未依法取得危险货物道路运输资质的企业承运危险化学品的，由交通运输主管部门对危险化学品托运人有下列情形之一的，应当责令改正，处10万元以上20万元以下的罚款，有违法所得的，没收违法所得；拒不改正的，责令停产停业整顿。有构成违反治安管理行为的，由公安机关依法给予治安管理处罚。

2. 托运人不得违法托运

《危险化学品安全管理条例》规定，托运人不得在托运的普通货物中夹带危险化学品，不得将危险化学品匿报或者谎报为普通货物托运。任何单位和个人不得交寄危险化学品或者在邮件、快件内夹带危险化学品，不得将危险化学品匿报或者谎报为普通物品交寄。邮政企业、快递企业不得收寄危险化学品。对涉嫌违反上述规定的，交通部门、邮政部门可以依法开拆查验。

📖 《办法》中的处罚条款

第五十七条 对违反本办法第十一条，在托运的普通货物中违规夹带危险化学品，或者将危险化学品匿报或者谎报为普通货物托运的，由交通运输主管部门对危险化学品托运人有下列情形之一的，应当责令改正，处10万元以上20万元以下的罚款，有违法所得的，没收违法所得；拒不改正的，责令停产停业整顿。有构成违反治安管理行为的，由公安机关依法给予治安管理处罚。

第八十七条 委托未依法取得危险货物道路运输许可的企业承运危险化学品的；在托运的普通货物中夹带危险化学品，或者将危险化学品谎报或者匿报为普通货物托运的，由交通运输主管部门责令改正，处10万元以上20万元以下的罚款，有违法所得的，没收违法所得；拒不改正的，责令停产停业整顿；构成犯罪的，依法追究刑事责任。

3. 托运人保持应急联系电话畅通

一般情况下，托运人也是危险货物的生产企业，其最了解自己产品的特性。为了便于承运人在紧急情况下及时与托运人（危险货物生产企业）联系，进一步了解所运危险货物特性和施救措施，要求托运人应当在危险货物运输期间保持应急联系电话畅通，并在危险货物托运清单中填写清晰"托运人的名称和地址""24h应急联系电话"等基本信息。同时要求承运人在危险货物道路运输运单中,也填写清晰"承运的名称和联系电话"等基本信息。

二、托运时应提交危险货物托运清单

《危险化学品安全管理条例》规定,托运人应当向承运人说明所托运的危险化学品的种类、数量、危险特性以及发生危险情况的应急处置措施。具体方法即是由托运人在托运危险货物时,向承运人提交危险货物托运清单。《危险货物道路运输规则 第5部分:托运要求》(JT/T 617.5—2018)中8.2.1给出了危险货物托运清单的基本信息。因此,托运人负责制作危险货物托运清单,并提交给承运人;危险货物托运清单可以是电子形式的,也可以是纸质形式的;危险货物托运清单保存期限不得少于12个月。

> **条文链接**
>
> 《危险化学品安全管理条例》第六十三条 托运危险化学品的,托运人应当向承运人说明所托运的危险化学品的种类、数量、危险特性以及发生危险情况的应急处置措施,并按照国家有关规定对所托运的危险化学品妥善包装,在外包装上设置相应的标志。
>
> 《危险货物道路运输规则 第5部分:托运要求》(JT/T 617.5—2018)相关要求:
>
> 8.2 危险货物托运清单
>
> 8.2.1 基本信息
>
> 8.2.1.1 危险货物托运清单至少应包含以下信息:
>
> a)托运人的名称和地址;
>
> b)收货人的名称和地址;
>
> c)装货单位名称;
>
> d)实际发货/装货地;
>
> e)实际收货/卸货地址;
>
> f)运输企业名称;
>
> g)所托运危险货物的UN编号(含大写"UN"字母);
>
> h)危险货物正式运输名称;
>
> i)危险货物类别及项别;
>
> j)危险货物包装类别及规格;
>
> k)危险货物运输数量;
>
> l)24h应急联系电话;
>
> m)必要的危险货物安全信息,作为托运清单附录,主要包括操作、装卸、堆码、储存安全注意事项以及特殊应急处理措施等。

8.2.1.2 托运清单填写要求：

a）托运人、收货人、装货单位的名称及地址可使用全称或简称。

b）始发地、目的地可填写具体地址或地址简称，但一般情况下名称应包括地级市。

c）运输企业名称需用全称。

d）所托运危险货物UN编号应符合JT/T 617.2、JT/T 617.3—2018中表A.1的要求（如托运汽油时，UN编号为1203）。

e）危险货物正式运输名称应按照JT/T 617.3—2018中表A.1第（2a）列规定填写：

1）如果JT/T 617.3—2018中表A.1第（2a）列中含有"或"或用逗号隔开时，选择对应的名称（如UN 1203在JT/T 617.3—2018中表A.1第（2a）列的正式运输名称是"车用汽油或汽油"，托运清单上的危险货物正式运输名称可以填写为"车用汽油"或"汽油"。

2）如果所托运的危险货物属于类属或未另作规定的条目，且按照JT/T 617.3—2018中表A.1第（6）列（特殊规定）含有274或318特殊规定，则需在危险货物正式运输名称之后附加技术名称，如"UN 1993易燃液体，未另作规定的（含有二甲苯和苯）"。

3）如果所托运的危险货物属于危险废物，则需在危险货物正式运输名称之前注明"危险废物"（如"危险废物对环境有害的固态物质"）。

4）如果所托运的多隔舱罐式车辆或多罐体运输单元，托运清单上应注明每一隔舱装载的危险货物。若多隔舱装载危险货物相同，则填写一次即可。

5）若危险货物以液态在温度大于或等于100°C，或以固态在温度等于或大于240℃环境下运输，交付运输危险货物的正式运输名称不能体现高温状态（例如，使用单词"熔融"或"高温"作为正式运输名称的一部分）时，应在正式运输名称之前加上"热"一词。

6）如果所托运的货物是运输时需温度控制稳定性的危险货物，且当"稳定的"一词是正式运输名称的一部分，且稳定性是通过温度控制实现的，则控制温度和应急温度应在运输单据中备注。

示例："控制温度：×××℃应急温度：×××℃"。

7）如果所托运的货物是危害环境物质（水生环境），托运清单中应备注"环境危害"或"海运污染/环境危害"。该说明不适用于UN 3077和UN 3082或6.1.4.1中的例外情况。

f）危险货物正式运输名称、类别及项别应符合JT/T 617.2、JT/T 617.3—2018中表A.1的要求。

g）包装类别按照JT/T 617.2包装类别号码，加上前缀"PG"（如"PGⅡ"）。

h）包装规格为危险货物包装容器的材质、形状、容积（如30m^3罐车）。

i）危险货物数量可用体积（如m³）、质量（如t）或件数表示。

j）应急联系电话为能够为承运人或应急救援队伍提供该产品泄漏、吸入等意外情况应急处置措施指导的电话。该电话应保证24h畅通。

k）有关危险货物危险特性、运输注意事项等内容附录，可附在托运清单之后，也可单独制作一个文档提供给承运人。

8.2.1.3 托运清单上要求填写的信息应清晰、易辨。

8.2.1.4 托运人应将危险货物安全技术说明书（SDS）提供给运输企业。

另外，托运人应将危险货物安全技术说明书（SDS）提供给运输企业。危险货物安全技术说明书（SDS）包含：危险货物的类别、项别、品名、编号、包装及规格，以及危险货物危险特性、运输注意事项、急救措施、消防措施、泄漏应急处置、次生环境污染处置措施等信息。

三、取得运输通行证

1. 凭证运输要求

依据我国有关法规，托运剧毒化学品、民用爆炸物品、烟花爆竹或者放射性物品的，托运人负责办理剧毒化学品道路运输通行证、民用爆炸物品运输许可证、烟花爆竹道路运输许可证、放射性物品道路运输许可证明或者文件。具体要求参见附录。

2. 危险废物转移联单

托运危险废物（包括医疗废物，下同）的，托运人应当向承运人提供生态环境主管部门发放的电子或者纸质形式的危险废物转移联单。具体要求参见附录。

 《办法》中的处罚条款

第五十六条 公安机关对有关企业、单位或者个人违反本办法第十五条，未经许可擅自通过道路运输危险货物的，应当责令停止非法运输活动，并予以处罚：

（一）擅自运输剧毒化学品的，处5万元以上10万元以下的罚款；

（二）擅自运输民用爆炸物品的，处5万元以上20万元以下的罚款，并没收非法运输的民用爆炸物品及违法所得；

（三）擅自运输烟花爆竹的，处1万元以上5万元以下的罚款，并没收非法运输的物品及违法所得；

（四）擅自运输放射性物品的，处2万元以上10万元以下的罚款。

第二节 确定危险货物的分类

《办法》条款

第十条　托运人应当按照《危险货物道路运输规则》（JT/T 617）确定危险货物的类别、项别、品名、编号，遵守相关特殊规定要求。需要添加抑制剂或者稳定剂的，托运人应当按照规定添加，并将有关情况告知承运人。

一、托运人负责确定危险货物的分类等信息

托运人应当按照《危险货物道路运输规则》（JT/T 617）确定危险货物的类别、项别、品名、编号，遵守相关特殊规定要求。《危险货物道路运输规则　第2部分：分类》（JT/T 617.2—2018）规定了道路运输危险货物的分类，包括分类的一般要求和具体规定；适用于道路运输危险货物的类别、对应的危险性类型和包装类别的确定。

条文链接

《危险货物道路运输规则　第1部分：通则》（JT/T 617.1—2018）相关要求：

8.2.1.1　在危险货物交付运输时，托运人应依据JT/T 617.2的规定对危险货物进行分类，且确认该货物允许进行道路运输。

《危险货物道路运输规则　第5部分：托运要求》（JT/T 617.5—2018）相关要求：

4.1　危险货物交付运输时，托运人应依据JT/T 617.2的规定对危险货物进行分类，且确认该货物允许进行道路运输。

危险货物分类是指判定某种货物是否属于危险货物以及属于哪种类型的危险货物。交通运输管理及执法人员、危险货物道路运输企业相关人员可以通过查阅危险货物托运清单或查询《危险货物道路运输规则　第3部分：品名及运输要求索引》（JT/T 617.3—2018）的表A.1"道路运输危险货物一览表"，确定该货物是否属于危险货物、属于哪类危险货物。托运人则可通过《危险货物道路运输规则　第2部分：分类》（JT/T 617.2—2018）中的方法确定货物的分类。

二、托运人应遵守相关特殊规定要求

《危险货物道路运输规则　第3部分：品名及运输要求索引》（JT/T 617.3—2018）中表A.1中第（6）列，列出了与物品或物质有关的特殊规定，特殊规定的具体要求见该

标准的附录B。当特殊规定与其他要求冲突时，优先适用特殊规定。

知识链接

部分特殊规定的含义：

16　新的或现有的爆炸性物质或物品样品（用以进行试验、分类、研发、质量控制，或作为商业样品），可以根据JT/T 617.2—2018中5.1.1.3、5.1.1.4的要求运输。未湿润或未减敏的爆炸品样品，应装入符合规定的小包件，质量限制在10kg内；湿润的或减敏的爆炸品样品，质量限制在25kg内。

23　即使这种物质有易燃危险，但该危险只是在密闭区内有猛烈火烧的条件时才显示出来。

32　当这种物质呈任何其他形状时，不受JT/T 617.1—2018~JT/T 617.7—2018限制。

37　这种物质如有涂层，则不受JT/T 617.1—2018~JT/T 617.7—2018限制。

38　这种物质如含碳化钙不大于0.1%，则不受JT/T 617.1—2018~JT/T 617.7—2018限制。

39　这种物质如含硅低于30%或不低于90%，则不受JT/T 617.1—2018~JT/T 617.7—2018限制。

43　这些物质作为农药托运时，应在有关农药条目之下，按有关农药规定运输（见JT/T 617.2—2018中5.6.1.1.10~5.6.1.1.11）

45　锑的硫化物和氧化物，如按总质量计算的含砷量不大于0.5%，则不受JT/T 617.1—2018~JT/T 617.7—2018限制。

47　铁氰化物和亚铁氰化物不受JT/T 617.1—2018~JT/T 617.7—2018限制。

三、托运人应告知承运人危险货物的特性

在实际工作中，托运人往往是危险货物的生产、储存等企业，相比承运人对危险货物的属性、特性以及应急处置措施更为熟悉和了解，因此托运人向承运人告知说明相关信息，有利于承运人在运输过程及时积极地采取相应的安全保护措施。此外，对于性质不稳定或由于聚合、分解在运输中能引起剧烈反应的危险货物，托运人应采用加入稳定剂或抑制剂等方法，保证运输安全，并及时告知承运人。

条文链接

《危险化学品安全管理条例》第六十三条第二款　运输危险化学品需要添加抑制剂或者稳定剂的，托运人应当添加，并将有关情况告知承运人。

《道路危险货物运输管理规定》第三十二条　需要添加抑制剂或者稳定剂的，托运人应当按照规定添加，并告知承运人相关注意事项。

《办法》中的处罚条款

第五十八条 交通运输主管部门对危险货物托运人违反本办法第十条,危险货物的类别、项别、品名、编号不符合相关标准要求的,应当责令改正,属于非经营性的,处1000元以下的罚款;属于经营性的,处1万元以上3万元以下的罚款。

第五十九条 对违反本办法第十条,运输危险化学品需要添加抑制剂或者稳定剂,托运人未添加或者未将有关情况告知承运人的交通运输主管部门对危险化学品托运人有下列情形之一的,应当责令改正,处5万元以上10万元以下的罚款;拒不改正的,责令停产停业整顿。

第三节 确保危险货物的包装符合要求

《办法》条款

第十二条 托运人应当按照《危险货物道路运输规则》(JT/T 617)妥善包装危险货物,并在外包装设置相应的危险货物标志。

一、托运人应妥善包装危险货物

危险货物的包装是运输、销售的前提,危险货物没有包装就无法运输、销售,危险货物包装如不符合有关规定,运输、销售就不安全,故《危险化学品安全管理条例》规定,托运人应按照国家有关规定对所托运的危险化学品妥善包装,在外包装上设置相应的标志;包装应当符合法律、行政法规、规章的规定以及国家标准、行业标准的要求;危险化学品包装物、容器的材质以及危险化学品包装的型式、规格、方法和单件质量(重量),应当与所包装的危险化学品的性质和用途相适应。

《危险货物道路运输规则 第4部分:运输包装使用要求》(JT/T 617.4—2018)规定了道路运输危险货物包装、中型散装容器、大型包装、可移动罐柜、罐式车辆罐体的使用要求;适用于道路运输危险货物运输包装的选择和使用。具体要求请参见标准内容,在此不再展开赘述。

二、正确设置相应的危险货物标志

托运人(危险化学品生产企业)应依据《危险货物包装标志》(GB 190)在危险货物外包装设置相应的标志,如图2-1所示。

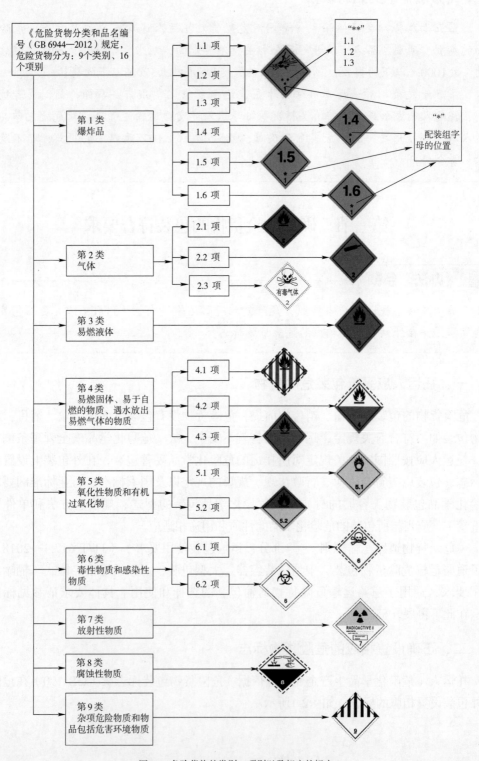

图2-1 危险货物的类别、项别以及相应的标志

条文链接

《危险化学品安全管理条例》第十五条　危险化学品生产企业应当提供与其生产的危险化学品相符的化学品安全技术说明书，并在危险化学品包装（包括外包装件）上粘贴或者拴挂与包装内危险化学品相符的化学品安全标签。化学品安全技术说明书和化学品安全标签所载明的内容应当符合国家标准的要求。

第三十七条　危险化学品经营企业不得向未经许可从事危险化学品生产、经营活动的企业采购危险化学品，不得经营没有化学品安全技术说明书或者化学品安全标签的危险化学品。

《办法》中的处罚条款

第五十九条　对违反本办法第十二条，未按照要求对所托运的危险化学品妥善包装并在外包装设置相应标志的，由交通运输主管部门对危险化学品托运人有下列情形之一的，应当责令改正，处5万元以上10万元以下的罚款；拒不改正的，责令停产停业整顿。

第三章　例外数量与有限数量危险货物运输的特别规定

第一节　例外数量危险货物运输的规定

《办法》条款

第十六条　例外数量危险货物的包装、标记、包件测试，以及每个内容器和外容器可运输危险货物的最大数量，应当符合《危险货物道路运输规则》（JT/T 617）要求。

第十八条　托运人托运例外数量危险货物的，应当向承运人书面声明危险货物符合《危险货物道路运输规则》（JT/T 617）包装要求。承运人应当要求驾驶人随车携带书面声明。

托运人应当在托运清单中注明例外数量危险货物以及包件的数量。

第二十条　例外数量、有限数量危险货物包件可以与其他危险货物、普通货物混合装载，但有限数量危险货物包件不得与爆炸品混合装载。

第二十一条　运输车辆载运例外数量危险货物包件数不超过1000个或者有限数量危险货物总质量（含包装）不超过8000kg的，可以按照普通货物运输。

一、例外数量危险货物的判定

根据《危险货物道路运输规则　第3部分：品名及运输要求索引》（JT/T 617.3—2018），例外数量危险货物，是指可以通过容量、数量限制及包装、标记等特别要求，消除或者降低其运输危险性，从而在运输资质条件上不再作特殊要求的危险货物。例外数量，是指危险货物以例外数量形式运输时，每件内包装和每件外包装所装危险货物的最大净装载量。

《危险货物道路运输规则　第3部分：品名及运输要求索引》（JT/T 617.3—2018）中表A.1道路运输危险货物一览表第（7b）列为例外数量，列出了例外数量危险货物每件内包装和每件外包装可运输危险货物的最大净装载量应满足的数值。《危险货物例外数量及包装要求》（GB 28644.1—2012）中表2危险货物例外数量表列出了适用例外数量运输的危险货物。

因此，适用例外数量道路运输的危险货物多为运输数量较少、危险程度较小的危险货物，以列入《危险货物道路运输规则　第3部分：品名及运输要求索引》（JT/T

617.3—2018）中表A.1道路运输危险货物一览表第（7b）列例外数量或者《危险货物例外数量及包装要求》（GB 28644.1—2012）中表2危险货物例外数量表的为准。

二、例外数量危险货物的托承运要求

1. 例外数量危险货物的包装和运量要求

托运人托运例外数量危险货物的，应当向承运人书面声明危险货物符合《危险货物道路运输规则》（JT/T 617）的包装要求。承运人应按照规定开展例外数量危险货物道路运输活动（图3-1）。

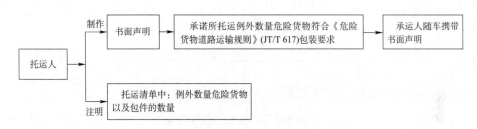

图3-1　例外数量危险货物托承运要求

（1）例外数量包装标记。

以例外数量运输的危险货物包件，应做永久、清楚的标记，如图3-2所示。

最小尺寸100mm

说明：影线和符号使用同一颜色，红或黑，白底或适当反差底色。
　　＊此处显示类别，或如果已经划定，显示项别。
　　＊＊如果包件没有在其他位置显示发货人或收货人的姓名，则在此处显示。

图3-2　例外数量包装标记

符合例外数量运输规定时，运输单证需满足特殊规定，即危险化学品在以例外数量运输时，在运输单证的危险货物说明应写入"例外数量的危险货物"，并注明包件的数量。

（2）例外数量运量要求。

《危险货物例外数量及包装要求》（GB 28644.1—2012）中5.8对按照本标准准许运输的例外数量危险货物，列出了例外数量编码（表3-1），规定了每个内容器和外容器可以运输的危险货物的最大数量。

危险货物道路运输全链条安全监管实务
——《危险货物道路运输安全管理办法》学习指南

危险货物例外数量表　　　　　　　　　　　　　　　表 3-1

联合国编号	名称和说明	英 文 名	类别和项别	次要危险性	包装类别	例外数量
1002	压缩空气	AIR, COMPRESSED	2.2			E1
1051	氰化氢,稳定的,含水少于3%	HYDROGENCYANIDE, STABILIZED containingless than3%water	6.1	3	Ⅰ	E5
1080	六氟化硫	SULPHURHEXAFLUORIDE	2.2			E1
1088	乙缩醛	ACETAL	3		Ⅱ	E2
1089	乙醛	ACETALDEHYDE	3		Ⅰ	E2
1090	丙酮	ACETONE	3		Ⅱ	E3
1558	砷	ARSENIC	6.1		Ⅱ	

例外数量编码 E1~E5 的含义见表 3-2。

例外数量编码 E1 ~ E5 的含义　　　　　　　　　　表 3-2

编号	每件内容器的最大净装载量（固体为 g，液体和气体为 mL）	每件外容器的最大净装载量（固体为 g，液体和气体为 mL，在混装情况下为 g 和 mL 之总和）
E1	30	1000
E2	30	500
E3	30	300
E4	1	500
E5	1	300

由表 3-2 可以看出，"每个内容器和外容器的最大净装载量"中最大值分别为 30g（mL）和 1000g（mL），最小值分别为 1g（mL）和 300g（mL）。即当危险货物在移交运输时，如数量非常少（如 1g 或 1mL），且采用非常坚固和耐用并经测试满足一定要求的包装，即可免除部分运输要求的规定。例外数量也指小包装限量豁免。同时，考虑到该标准对其使用包装物（包括内容器和外容器）的要求很高，例外数量危险货物主要应用于航空货物运输，也可应用于道路运输零担货运。

2. 例外数量危险货物的装载要求

例外数量危险货物包件可以与其他危险货物、普通货物混合装载，即符合标准的"例外数量危险货物包件"可以按普通货物运输。

例外数量运输要考虑了一个运输工具（载货汽车）在一次装载运送中危险货物的最大允许载运量。《危险货物例外数量及包装要求》（GB 28644.1—2012）中 4.4 和《危险货物道路运输规则　第 3 部分：品名及运输要求索引》（JT/T 617.3—2018）中 8.5 均规定，车辆或集装箱可装载的包件的最大数量车辆或集装箱所能装载的包件，最大数量不应超过 1000 个。如按"每个外容器的最大净装载量"的最大值 1000g 计算，1 车最多可以

—38—

装载1000kg（1t）；如按"每个外容器的最大净装载量"的最小值300g计算，1车最多可以装载300kg（0.3t）。可见，例外数量危险货物的运输量较少。

> **条文链接**
>
> 《危险货物道路运输规则 第3部分：品名及运输要求索引》（JT/T 617.3—2018）相关要求：
>
> 7.11 当运输单元装载有限数量危险货物的总质量（含包装）不大于8t时，7.10的规定可以免除。
>
> 8.5 车辆或集装箱可装载的包件的最大数量
>
> 车辆或集装箱所能装载的包件，最大数量不应超过1000个。

第二节 有限数量危险货物运输的规定

> **《办法》条款**
>
> 第十七条 有限数量危险货物的包装、标记，以及每个内容器或者物品所装的最大数量、总质量（含包装），应当符合《危险货物道路运输规则》（JT/T 617）要求。
>
> 第十九条 托运人托运有限数量危险货物的，应当向承运人提供包装性能测试报告或者书面声明危险货物符合《危险货物道路运输规则》（JT/T 617）包装要求。承运人应当要求驾驶人随车携带测试报告或者书面声明。
>
> 第二十条 例外数量、有限数量危险货物包件可以与其他危险货物、普通货物混合装载，但有限数量危险货物包件不得与爆炸品混合装载。
>
> 第二十一条 运输车辆载运例外数量危险货物包件数不超过1000个或者有限数量危险货物总质量（含包装）不超过8000kg的，可以按照普通货物运输。

一、有限数量危险货物的判定

根据《危险货物道路运输规则 第3部分：品名及运输要求索引》（JT/T 617.3—2018），有限数量危险货物，是指可以通过容量、数量限制及包装、标记等特别要求，消除或者降低其运输危险性，从而在运输资质条件上不再作特殊要求的危险货物。有限数量，是指危险货物以有限数量形式运输时，每个内包装、内容器或物品所装危险货物的最大数量。

《危险货物道路运输规则 第3部分：品名及运输要求索引》（JT/T 617.3—2018）

中表A.1道路运输危险货物一览表第（7a）列为有限数量，列出了有限数量危险货物每个内包装、内容器或者物品所装的最大数量应满足的数值。《危险货物有限数量及包装要求》（GB 28644.2—2012）中表2危险货物有限数量表列出了适用有限数量运输的危险货物。

因此，适用有限数量道路运输的危险货物多为危险程度较小的危险货物，以列入《危险货物道路运输规则 第3部分：品名及运输要求索引》（JT/T 617.3—2018）表A.1道路运输危险货物一览表第（7a）列有限数量或者《危险货物有限数量及包装要求》（GB 28644.2—2012）中表2危险货物有限数量表的为准。

二、有限数量危险货物的托承运要求

托运人托运有限数量危险货物的，应当向承运人提供包装性能测试报告或者书面声明危险货物符合《危险货物道路运输规则》（JT/T 617）的包装要求，应当在托运清单中注明有限数量危险货物以及包件的数量、总质量（含包装）（图3-3）。

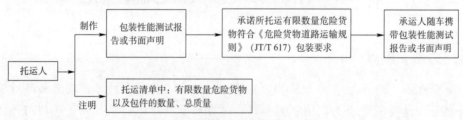

图3-3 有限数量危险货物托承运要求

承运人应当要求驾驶人员随车携带包装性能测试报告或者书面声明。

《危险货物有限数量及包装要求》（GB 28644.2—2012）中5.8对按照本标准准许运输的有限数量危险货物，规定了每个内容器或物品所装的危险货物的最大数量（表3-3）。

危险货物有限数量表　　　　　　　　　　　表3-3

联合国编号	名称和说明	英　文　名	类别和项别	次要危险性	包装类别	有限数量
1002	压缩空气	AIR, COMPRESSED	2.2			120mL
1051	氰化氢，稳定的，含水少于3%	HYDROGENCYANIDE, STABILIZED containing less than 3% water	6.1	3	I	E5
1080	六氟化硫	SULPHURHEXAFLUORIDE	2.2			120mL
1088	乙缩醛	ACETAL	3		II	1L
1090	丙酮	ACETONE	3		II	1L
1109	甲酸戊酯	AMYLFORMATES	3		III	5L
1110	正甲基·戊基酮	n-AMYLMETHYLKETONE	3		III	5L
1558	砷	ARSENIC	6.1		II	550g

由表3-3可以看出，有限数量的最大值为5kg（5L），最小值为500g（100mL）。有限数量的最小值500g（100mL）远远大于例外数量的最大值30g。故有限数量危险货物运输主要用于道路运输，且当满足运量、包装、标记等要求时，可以按普通货物运输，即当危险货物在移交运输时，如数量较少，且包装满足一定要求，可免除部分运输要求的规定。如小包装5L以下的白酒（乙醇饮料，按体积含乙醇高于24%，但不超过70%，UN 3065），可以按普通货物运输。另外，有限数量对其包装、容器也有较高、较明确的要求。

综上，有限数量运输要求主要有：

（1）运输数量不可超过有限数量上限。每个UN编号对应的有限数量一栏都有一个具体的数值和单位，其含义为危险货物在有限数量运输时，其单一内包装或物品所盛装的危险化学品数量不可超过此上限。

（2）产品包装要满足特定要求。危险货物在有限数量运输时，虽然其量少，危险性低，但无论是内包装还是外包装，都应符合联合国《关于危险货物运输的建议书 规章范本》（TDG）或我国《危险货物有限数量及包装要求》（GB 28644.2—2012）或《危险货物道路运输规则 第3部分：品名及运输要求索引》（JT/T 617.3—2018）的要求。包括在有限数量运输的包装外表面加贴统一的标记，具体如图3-4所示。

图3-4 有限数量包件标记

（3）符合装载要求。有限数量危险货物包件可以与其他危险货物、普通货物混合装载，但不得与爆炸品混合装载。同样，有限数量危险货物在道路运输过程中，要求载货汽车装载货物的总质量（含包装）不得超过8t。

> **条文链接**
>
> 《危险货物道路运输规则 第3部分：品名及运输要求索引》（JT/T 617.3—2018）相关要求：
>
> 7.11 当运输单元装载有限数量危险货物的总质量（含包装）不大于8t时，7.10的规定可以免除。
>
> 8.5 车辆或集装箱可装载的包件的最大数量
>
> 车辆或集装箱所能装载的包件，最大数量不应超过1000个。

第四章　危险货物承运

第一节　依法承运危险货物

> **《办法》条款**
>
> 　　第二十二条　危险货物承运人应当按照交通运输主管部门许可的经营范围承运危险货物。
> 　　第二十三条　危险货物承运人应当使用安全技术条件符合国家标准要求且与承运危险货物性质、重量相匹配的车辆、设备进行运输。

一、在经营范围内承运危险货物

《道路危险货物运输管理规定》规定，危险货物道路运输企业或者单位应当严格按照道路运输管理机构决定的许可事项从事危险货物道路运输活动，不得转让、出租危险货物道路运输许可证件。因此，危险货物承运人应当按照交通运输主管部门许可的经营范围承运危险货物，也称"不得超范围经营"。

对危险货物道路运输经营活动的许可，就是对申请人所具备能力与批准运输范围一致性的审查和许可。危险货物道路运输经营活动超越了许可事项，属于未经许可从事经营活动，会造成运输能力与运输的危险货物不一致，是重大的事故隐患，应当严格禁止。超范围经营同时也是对取得经营资格合法运输者的权益的侵害。

二、运输车辆和设备要符合国家标准要求

危险货物承运人应当使用安全技术条件符合国家标准要求且与承运危险货物性质、重量相匹配的车辆、设备进行运输。此处"设备"主要指罐车的罐体以及集装箱、集装罐。

依据我国法律法规，不符合强制性标准的产品、服务，不得生产、销售、进口或者提供。而运输危险货物时，运输企业应根据车辆适用性选择不同类型的车辆来运输不同品种的危险货物。如普通货车、罐式车辆、集装运输车、冷藏车等不同类型的车辆，可运输危险货物的类别、项别不同。

三、不得超载超限运输

危险货物承运人使用常压液体危险货物罐式车辆运输危险货物的，应当在罐式车辆

罐体的适装介质列表范围内承运；使用移动式压力容器运输危险货物的，应当按照移动式压力容器使用登记证上限定的介质承运；同时应当按照运输车辆的核定载质量装载危险货物，不得超载。

1. 车辆超载

车辆超载分为整车超载、牵引车和挂车超载、汽车整备质量超载三种。

（1）整车超载，是指载货汽车超过核定载质量装载。核定载质量以车辆的机动车行驶证（图4-1）上标注的"核定载质量"为准。

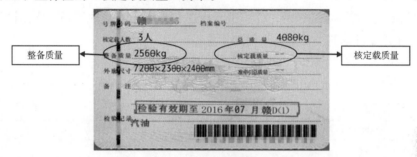

图4-1　机动车行驶证正面

《道路交通安全法实施条例》第一百零六条规定，公路客运载客汽车超过核定乘员、载货汽车超过核定载质量的，公安机关交通管理部门依法扣留机动车后，驾驶人应当将超载的乘车人转运、将超载的货物卸载，费用由超载机动车的驾驶人员或者所有人承担。

（2）牵引车和挂车超载，是指牵引挂车的载质量超过载货汽车本身的载质量。

《道路交通安全法实施条例》第五十五条规定，载货汽车所牵引挂车的载质量不得超过载货汽车本身的载质量。即挂车载货后的总质量应当与牵引车的准牵引质量相匹配。

如晋济高速公路山西晋城段岩后隧道"3·1"特别重大道路交通危化品燃爆事故中，事故车辆牵引车准牵引总质量（37.6t）小于罐式半挂车的整备质量与运输甲醇质量之和（38.34t），存在超载行为，超载0.74t，影响车辆制动。

（3）汽车整备质量超载，是指车辆机动车行驶证整备质量与实车不符的情况，也称本质超载，主要是因为车辆实际重量超过车辆整备质量，严重的会超过1t。整备质量是指汽车按出厂技术条件装备完整（如备胎、工具等安装齐备），各种油水添满后的质量。以车辆机动车行驶证上标注的"整备质量"（图4-1）或车辆产品公告为准。

对于货车，汽车总质量=装备质量+驾驶人员及其他随车人员质量+行李质量+货物质量。

2. 车辆超限

车辆超限，是指车辆总质量、车辆轴载荷和车辆的长宽高超过国家标准的有关规定。《道路危险货物运输管理规定》规定，严禁专用车辆违反国家有关规定超载、超限运输。危险货物道路运输企业或者单位使用罐式专用车辆运输货物时，罐体载货后的总质量应当和专用车辆核定载质量相匹配；使用牵引车运输货物时，挂车载货后的总质量应当与牵引车的准牵引总质量相匹配。

四、适装介质列表

《道路运输液体危险货物罐式车辆 第1部分：金属常压罐体技术要求》（GB 18564.1—2019）中并未给出"适装介质列表"的定义；"产品数据表""罐体铭牌"上标注了"介质"和"介质名称"，如图4-2所示。《危险货物道路运输营运车辆安全技术条件》（GB 1285—2020）中7.2.1.3要求，常压罐式车辆应在罐体、管罐式车辆底盘或半挂车架易见位置设置固定的铭牌，铭牌上至少应包括罐体唯一性编码、罐体设计代码、罐体容积、生产企业名称、制造日期等的信息。

产品名称		产品型号	编号：
VIN码			
产品标准		罐体设计代码	
介质		使用环境温度	℃

a) 产品数据表

产品名称		检验标志	
产品型号		车辆VIN码	
罐体设计代码		罐体容积	m³
设计压力	MPa	耐压试验压力	MPa
设计温度	℃	主体材料	
总质量	kg	最大允许充装量	kg
设计使用年限	年	介质名称	
制造单元		产品标准	
生产许可证编号		制造日期	年　月

b) 罐体铭牌

图4-2 常压罐车"产品数据表"和"罐体铭牌"

适装介质列表是由罐车生产企业负责标注的。危险货物道路运输罐式车辆，应按照《车辆公告》允许充装的介质进行充装，也要注意罐车产品"产品数据表"或"罐体铭牌"上标注的"介质"或"充装介质"的要求。如《车辆公告》与"产品数据表"或"罐体铭牌"上标注的充装介质不一致，应及时向市场监督管理部门（原质量检验部门）反映。

使用移动式压力容器运输危险货物的，应当按照移动式压力容器使用登记证上限定的介质承运。一般情况下，压力容器罐车使用的是特种设备使用登记证，其标注出了"充装介质"，如图4-3所示。

《道路危险货物运输管理规定》规定，罐式专用车辆的常压罐体应当符合国家标准《道路运输液体危险货物罐式车辆　第1部分：金属常压罐体技术要求》（GB 18564.1）、《道路运输液体危险货物罐式车辆　第2部分：非金属常压罐体技术要求》（GB 18564.2）等有关技术要求。

使用压力容器运输危险货物的，应当符合国家特种设备安全监督管理部门制定并公布的《移动式压力容器安全技术监察规程》（TSG R0005）等有关技术要求。

压力容器和罐式专用车辆应当在质量检验部门出具的压力容器或者罐体检验合格的有效期内承运危险货物。

图4-3　特种设备使用登记证样式

> **《办法》中的处罚条款**
>
> 第六十条　对未在罐式车辆罐体的适装介质列表范围内或者移动式压力容器使用登记证上限定的介质承运危险货物的，由交通运输主管部门对危险货物承运人有下列情形之一的，应当责令改正，处2000元以上5000元以下的罚款。
>
> 第六十八条　公安机关对危险货物承运人有下列行为之一的，应当责令改正，处5万元以上10万元以下的罚款；构成违反治安管理行为的，依法给予治安管理处罚：
>
> （一）违反本办法第二十三条，使用安全技术条件不符合国家标准要求的车辆运输危险化学品的；
>
> （二）违反本办法第二十三条，超过车辆核定载质量运输危险化学品的。

第二节　制定危险货物运单

> **《办法》条款**
>
> 第二十四条　危险货物承运人应当制作危险货物运单，并交由驾驶人随车携带。危险货物运单应当妥善保存，保存期限不得少于12个月。
>
> 危险货物运单格式由国务院交通运输主管部门统一制定。危险货物运单可以是电子或者纸质形式。
>
> 运输危险废物的企业还应当填写并随车携带电子或者纸质形式的危险废物转移联单。

一、危险货物运单的格式

危险货物运单由承运人负责制作，具体要求如图4-4所示。承运人应当妥善保存危险货物运单，保存期限不得少于12个月。

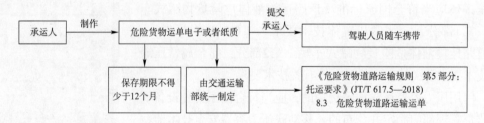

图4-4　危险货物运单的制作与使用

危险货物运单格式由国务院交通运输主管部门统一制定。危险货物运单可以是电子或者纸质形式，具体可参见《危险货物道路运输规则　第5部分：托运要求》（JT/T 617.5—2018）"8.3　危险货物道路运输运单"，如图4-5所示。

危险货物道路运输运单					
运单编号：						
托运人	名称		收货人	名称	
	联系电话			联系电话	
装货人	名称		起运日期		
	联系电话		起运地		
目的地					□城市配送
承运人	单位名称		联系电话		
	许可证号				
	车辆信息	车牌号码(颜色)		挂车信息	车牌号码
		道路运输证号			道路运输证号
	罐体信息	罐体编号			罐体容积
	驾驶员	姓名		押运员	姓名
		从业资格证			从业资格证
		联系电话			联系电话
货物信息	包括序号，UN开头的联合国编号，危险货物运输名称，类别及项别，包装规格，单位，数量等内容，每项内容用逗号隔开				
备注				（此处为二维码）	
调度人：			调度日期：		

图4-5　危险货物道路运输运单格式

 条文链接

《危险货物道路运输规则　第5部分：托运要求》（JT/T 617.5—2018）相关要求：

8.3　危险货物道路运输运单

8.3.1　基本信息

8.3.1.1　危险货物道路运输运单应至少包含以下信息：

a）托运人的名称和联系电话；

b）收货人的名称和联系电话；

c）装货人（或充装人）的名称；

d）运输企业名称、许可证号、联系电话；

e）车辆车牌号码、道路运输证号；

f）挂车车牌号码、道路运输证号；

g）罐车（如适用）罐体编号、罐体容积；

h）驾驶员姓名、从业资格证号及联系电话；

i）押运员姓名、从业资格证号及联系电话；

j）危险货物信息；

k）实际发货/装货地址；

l）实际收货/卸货地址；

m）起运日期；

n）是否为城市配送；

o）备注；

p）调度人、调度日期。

8.3.1.2 危险货物道路运输运单填写要求如下。

a）托运人：包括托运企业或单位名称和联系电话，联系电话应为托运方了解所托运货物的危险特性及应急处置措施的人员的电话和托运委托人电话。

b）收货人：包括收货人名称和联系电话，联系电话应为收货方了解所接收货物的危险特性及应急处置措施的人员的电话，收货委托人电话。

c）装货人（或充装人）：包括装货人（或充装人）单位名称。

d）运输企业名称和经营许可证号应按照《道路运输经营许可证》填写。

e）车辆信息和道路运输证号应按照《道路运输证》填写，车牌号码应为公安交通管理部门核发的车辆牌照号码。

f）挂车信息：包括挂车车牌号码和道路运输证号。

g）罐体信息：包括罐体编号和罐体容积。罐体编号为罐车罐体的唯一编号或罐式集装箱箱主代码。罐体容积单位为m^3。

h）驾驶员和押运员从业资格证号应按照《道路运输从业资格证》填写。

i）危险货物信息：包括UN编号、货物正式运输名称、类别及项别、危险货物数量、包装类别、包装规格。危险货物数量的填写要求参考8.2.1.2托运清单填写要求中的i）。

j）实际发货/装货地址：装货完成，车辆开始运输的地点，应填写具体地址；实际收货/卸货地址：运输目的地所在的具体地址。

k）起运日期为装货完成开始运输的日期，格式为yyyy-mm-dd。

1）是否为城市配送：勾选项，对于危险货物城市配送（如成品油配送）车辆，若每个收货人接收的危险货物相同，每天可只填写一个运单，收货人、目的地可为最后一个收货人的名称及地址。

m）备注：有关危险货物的某些特殊要求（可选）。

n）调度人，为运输企业派发该运单的调度人员的姓名。

8.3.1.3 危险货物道路运输运单上填写的信息应清晰、易辨。

二、危险废物转移联单

运输危险废物的企业还应当填写并随车携带电子或者纸质形式的危险废物转移联单，应按照《固体废物污染环境防治法》的有关规定，使用危险废物转移联单，具体参见附录。

《办法》中的处罚条款

第六十条 对未按照规定制作危险货物运单或者保存期限不符合要求的，由交通运输主管部门对危险货物承运人有下列情形之一的，应当责令改正，处2000元以上5000元以下的罚款。

第六十一条 对违反本办法第二十四条，未按照规定随车携带危险货物运单的，由交通运输主管部门对危险货物道路运输车辆驾驶人责令改正，处1000元以上3000元以下的罚款。

第三节 安全运输要求

《办法》条款

第二十五条 危险货物承运人在运输前，应当对运输车辆、罐式车辆罐体、可移动罐柜、罐式集装箱（以下简称罐箱）及相关设备的技术状况，以及卫星定位装置进行检查并做好记录，对驾驶人、押运人员进行运输安全告知。

第二十六条 危险货物道路运输车辆驾驶人、押运人员在起运前，应当对承运危险货物的运输车辆、罐式车辆罐体、可移动罐柜、罐箱进行外观检查，确保没有影响运输安全的缺陷。

危险货物道路运输车辆驾驶人、押运人员在起运前，应当检查确认危险货物运输车辆按照《道路运输危险货物车辆标志》（GB 13392）要求安装、悬挂标志。运输爆炸品和剧毒化学品的，还应当检查确认车辆安装、粘贴符合《道路运输爆炸品和剧毒化学品车辆安全技术条件》（GB 20300）要求的安全标示牌。

第二十七条　危险货物承运人除遵守本办法规定外，还应当遵守《道路危险货物运输管理规定》有关运输行为的要求。

一、起运前的安全告知

《危险化学品安全管理条例》规定，运输危险化学品的驾驶人员、船员、装卸管理人员、押运人员、申报人员、集装箱装箱现场检查员，应当了解所运输的危险化学品的危险特性及其包装物、容器的使用要求和出现危险情况时的应急处置方法。

因此，危险货物承运人即危险货物道路运输企业，在运输前，应当对驾驶人员、押运人员进行运输安全告知，重点介绍所运危险货物的危险特性及其包装物、容器的使用要求和出现危险情况时的应急处置方法。

二、运输前的安全检查

运输前检查车辆、设备并确保车辆、设备处于良好的技术状况是企业的主体责任。因此，危险货物道路运输车辆驾驶人员、押运人员在起运前，应对承运危险货物的运输车辆、罐式车辆罐体、可移动罐柜、罐箱进行外观检查，确保没有影响运输安全的缺陷。同时做好记录。

（1）外观检查。

外观检查的目的是确保没有影响运输安全的缺陷。主要检查：运输车辆、罐式车辆罐体、可移动罐柜、罐箱及相关设备的技术状况以及卫星定位装置。

（2）悬挂符合国家标准的标志。

《道路运输危险货物车辆标志》（GB 13392—2005）针对所有危险货物道路运输车辆，要求悬挂标志灯、标志牌。《道路运输爆炸品和剧毒化学品车辆安全技术条件》（GB 20300—2018）针对道路运输爆炸品和剧毒化学品车辆提出额外的要求。

📖《办法》中的处罚条款

第六十条　对未按照要求对运输车辆、罐式车辆罐体、可移动罐柜、罐箱及设备进行检查和记录的，由交通运输主管部门对危险货物承运人有下列情形之一的，应当责令改正，处2000元以上5000元以下的罚款。

三、其他运输要求

危险货物承运人还应当遵守《道路危险货物运输管理规定》有关运输行为的要求。

（1）不得使用罐式专用车辆或者运输有毒、感染性、腐蚀性危险货物的专用车辆运输普通货物。其他专用车辆可以从事食品、生活用品、药品、医疗器具以外的普通货物运输，但应当由运输企业对专用车辆进行消除危害处理，确保不对普通货物造成污染、损害。不得将危险货物与普通货物混装运输。

（2）应当采取必要措施，防止危险货物脱落、扬散、丢失以及燃烧、爆炸、泄漏等。

（3）在危险货物道路运输过程中，除驾驶人员外，还应当在专用车辆上配备押运人员，确保危险货物处于押运人员监管之下。

（4）危险货物道路运输途中，驾驶人员不得随意停车。因住宿或者发生影响正常运输的情况需要较长时间停车的，驾驶人员、押运人员应当设置警戒带，并采取相应的安全防范措施。运输剧毒化学品或者易制爆危险化学品需要较长时间停车的，驾驶人员或者押运人员应当向当地公安机关报告。

（5）应当要求驾驶人员和押运人员在运输危险货物时，严格遵守有关部门关于危险货物运输线路、时间、速度方面的有关规定，并遵守有关部门关于剧毒、爆炸危险品道路运输车辆在重大节假日通行高速公路的相关规定。

（6）应当通过卫星定位监控平台或者监控终端及时纠正和处理超速行驶、疲劳驾驶、不按规定线路行驶等违法违规驾驶行为。监控数据应当至少保存3个月，违法驾驶信息及处理情况应当至少保存3年。

（7）在危险货物运输过程中发生燃烧、爆炸、污染、中毒或者被盗、丢失、流散、泄漏等事故，驾驶人员、押运人员应当立即根据应急预案和《道路运输危险货物安全卡》的要求采取应急处置措施，并向事故发生地公安部门、交通运输主管部门和本运输企业或者单位报告。运输企业或者单位接到事故报告后，应当按照本单位危险货物应急预案组织救援，并向事故发生地安全生产监督管理部门和环境保护、卫生主管部门报告。危险货物道路运输管理机构应当公布事故报告电话。

第五章　危险货物装卸

第一节　充装前做好查验

装货人应当制定危险货物道路运输作业查验制度，在充装或者装载货物前开展"五必查"工作，即查车辆资质、人员资格、检验有效期、运单、货物；不符合要求的，不得充装或者装载。

> **《办法》条款**
>
> 第二十八条　装货人应当在充装或者装载货物前查验以下事项；不符合要求的，不得充装或者装载：
> （一）车辆是否具有有效行驶证和营运证；
> （二）驾驶人、押运人员是否具有有效资质证件；
> （三）运输车辆、罐式车辆罐体、可移动罐柜、罐箱是否在检验合格有效期内；
> （四）所充装或者装载的危险货物是否与危险货物运单载明的事项相一致；
> （五）所充装的危险货物是否在罐式车辆罐体的适装介质列表范围内，或者满足可移动罐柜导则、罐箱适用代码的要求。
> 充装或者装载剧毒化学品、民用爆炸物品、烟花爆竹、放射性物品或者危险废物时，还应当查验本办法第十五条规定的单证报告。

一、查验车辆和人员资质证件

1. 查验车辆资质

查验车辆资质，是指查验车辆是否具有有效的行驶证和营运证，具体包括"机动车行驶证""道路运输证""道路运输经营许可证"。同时要查验"道路运输证"的经营范围是否与要充装或者装载货物一致。

2. 查验人员资格

查验从业人员资格，是指查验驾驶人员、押运人员"道路运输从业资格证"的"从业资格类别"是否具有"危险货物道路运输"。

3. 查验检验合格有效期

查验运输车辆、罐式车辆罐体、可移动罐柜、罐箱是否在检验合格有效期内，是指查验车辆"道路运输证"和常压罐车（罐体）、压力容器罐车（罐体）、可移动罐柜、罐箱是否在检验有效期内。

如果使用常压液体危险货物罐式车辆运输危险货物，应当查验罐式车辆是否在罐体的适装介质列表范围内承运；如果使用移动式压力容器运输危险货物，还应当查验是否按照"移动式压力容器使用登记证"上限定的介质承运。

二、查验危险货物与运单和罐体的适应

1. 查验运单

查验运单，是指查验所充装或者装载的危险货物，是否与危险货物运单载明的事项（品名、规格、数量）相一致。

2. 查验货物

查验所充装的危险货物是否在罐式车辆罐体的适装介质列表范围内，或者满足可移动罐柜导则、罐箱适用代码的要求，是指查验常压罐车的适装介质列表、移动罐柜导则、罐箱适用代码。

如果罐式车辆罐体所充装的危险货物在其适装介质列表范围内，但不在"道路运输证"经营范围内，可根据《移动罐柜导则》的要求，到《危险货物道路运输规则　第4部分：运输包装使用要求》（JT/T 617.4—2018）"附录D（规范性附录）可移动罐柜导则"中查找。

罐式集装箱简称为罐箱。可移动罐柜通常以罐箱的形式出现，即罐箱应该是移动罐柜的一种，适用于（1972年国际集装箱安全公约（CSC））。

条文链接

《危险货物道路运输规则　第1部分：通则》（JT/T 617.1—2018）相关要求：

A.5.5　罐式集装箱　tank-container

一种用于运输气体、液体、粉状或颗粒状物质，且符合集装箱定义的运输设备，由罐体、框架及其设备部件组成。当用于第2类气体运输时，其容量不小于450L。

A.5.11　可移动罐柜　portabletank

一种符合《规章范本》定义的多式联运罐体。当其用于运输第2类气体时，其容积大于450L。用JT/T 617.3—2018的表A.1第（10）列的可移动罐柜导则表示。

《危险货物道路运输规则　第4部分：运输包装使用要求》（JT/T 617.4—2018）相关要求：

5.1.1　可移动罐柜的设计、制造、检验和试验应符合《规章范本》第6.7章的要求。用于演示这些物质的可移动罐柜导则和特殊规定见JT/T 617.3—2018中表1第（10）列和第（11）列。可移动罐柜导则及适用要求见附录D，特殊规定见附录E。当可移动罐柜采用集装箱结构时，还应符合《1972年国际集装箱安全公约》（CSC）以

第五章 危险货物装卸

及GB/T 1413、GB/T 16563和GB/T 1836等标准的技术要求。当可移动罐柜属于移动式压力容器时,还应该满足特征设备相关安全技术规范的要求。

《办法》中的处罚条款

第六十四条 工业和信息化主管部门对作为装货人的民用爆炸物品生产、销售企业违反本办法第二十八条,未建立健全并严格执行充装或者装载查验、记录制度的,应当责令改正,处1万元以上3万元以下的罚款。

第二节 按照相关标准进行装载作业

《办法》条款

第二十九条 装货人应当按照相关标准进行装载作业。装载货物不得超过运输车辆的核定载质量,不得超出罐式车辆罐体、可移动罐柜、罐箱的允许充装量。

第三十条 危险货物交付运输时,装货人应当确保危险货物运输车辆按照《道路运输危险货物车辆标志》(GB 13392)要求安装、悬挂标志,确保包装容器没有损坏或者泄漏,罐式车辆罐体、可移动罐柜、罐箱的关闭装置处于关闭状态。

爆炸品和剧毒化学品交付运输时,装货人还应当确保车辆安装、粘贴符合《道路运输爆炸品和剧毒化学品车辆安全技术条件》(GB 20300)要求的安全标示牌。

一、不得超过核定载质量装载

装货人应当按照相关标准进行装载作业。装载货物不得超过运输车辆的核定载质量,不得超出罐式车辆罐体、可移动罐柜、罐箱的允许充装量。可见,按照国家法规、国家标准对车辆装载、对罐车充装,不仅是承运人的职责,也是装货人的职责。但是如果按照罐式车辆罐体、可移动罐柜、罐箱的允许充装量装载后,车辆还是超载,只能说明罐车是不合格产品,应依据《缺陷车辆召回条例》召回。

二、交付运输时确保车辆、设备安全

《道路危险货物运输管理规定》规定,专用车辆应当按照国家标准《道路运输危险货物车辆标志》(GB 13392)的要求悬挂标志。罐式专用车辆的常压罐体应当符合国家标准《道路运输液体危险货物罐式车辆 第1部分:金属常压罐体技术要求》

（GB 18564.1）、《道路运输液体危险货物罐式车辆 第2部分：非金属常压罐体技术要求》（GB 18564.2）等有关技术要求。

需要注意的是，《道路运输液体危险货物罐式车辆 第1部分：金属常压罐体技术要求》（GB 18564.1—2006）中要求，罐体（车）标志的其余要求应符合GB 20300的规定。但2019年修订的《道路运输液体危险货物罐式车辆 第1部分：金属常压罐体技术要求》（GB 18564.1—2019）中，删除了"罐体（车）标志的其余要求应符合GB 20300的规定"。

运输爆炸品、剧毒化学品的车辆还应按照《道路运输爆炸品和剧毒化学品车辆安全技术条件》（GB 20300）的要求悬挂安全标示牌。

另外，危险货物交付运输时，装货人应当确保包装容器没有损坏或者泄漏，罐式车辆的罐体、可移动罐柜、罐箱的关闭装置处于关闭状态。

第三节 建立健全相关查验记录制度

《办法》条款

第三十一条 装货人应当建立危险货物装货记录制度，记录所充装或者装载的危险货物类别、品名、数量、运单编号和托运人、承运人、运输车辆及驾驶人等相关信息并妥善保存，保存期限不得少于12个月。

第三十二条 充装或者装载危险化学品的生产、储存、运输、使用和经营企业，应当按照本办法要求建立健全并严格执行充装或者装载查验、记录制度。

一、装货人建立危险货物装货记录制度

装货人应当建立危险货物装货记录制度。危险货物装货记录内容主要包括：所充装或者装载的危险货物类别、品名、数量、运单编号和托运人、承运人、运输车辆及驾驶人员等相关信息。

上述内容，应依据危险货物托运清单、危险货物运单填写。危险货物装货记录至少保存12个月。

《办法》中的处罚条款

第六十四条 工业和信息化主管部门对作为装货人的民用爆炸物品生产、销售企业违反本办法第三十一条，未建立健全并严格执行充装或者装载查验、记录制度的，应当责令改正，处1万元以上3万元以下的罚款。

二、相关企业建立健全充装或者装载查验、记录制度

充装或者装载危险化学品的生产、储存、运输、使用和经营企业，应当按照要求建立健全并严格执行充装或者装载查验、记录制度（图5-1）。

图5-1　危险化学品充装（或装载）要求

从运输的角度看，"充装人"有可能由托运人指派（危险货物生产、储存、使用和经营企业），也可能由承运人（危险货物道路运输企业）指派。指派"充装人"的企业应按照要求建立健全相应制度，这是企业的主体责任；企业要结合本企业实际、相关标准要求以及所运危险货物的危险货物托运清单、危险货物运单相关内容，制定这两个制度。

知识链接

《道路危险货物运输管理规定》规定，危险货物的装卸作业应当遵守安全作业标准、规程和制度，并在装卸管理人员的现场指挥或者监控下进行。危险货物运输托运人和承运人应当按照合同约定指派装卸管理人员；若合同未予约定，则由负责装卸作业的一方指派装卸管理人员。

因此，在实际工作中，危险货物装卸作业有可能由托运人负责，也可能由承运人负责；在进行危险货物的装卸作业时，必须配备装卸管理人员。装卸管理人员应持证上岗，并在现场指挥装卸作业，遵守安全作业标准、规程和制度。

根据《特种设备安全法》的规定，压力容器（含气瓶）属于特种设备，相关作业人员需取得相关的资格证书。如对气罐车的压力罐体、瓶（压力瓶）、承压罐式集装的充装，应该按照《移动式压力容器安全技术监察规程》（TSG R0005—2011）的要求取得"特种设备作业人员证"（图5-2）。

图5-2　特种设备作业人员证

《办法》中的处罚条款

第六十五条　交通运输主管部门、应急管理部门和其他负有安全监督管理职责的部门对危险化学品生产、储存、运输、使用和经营企业违反本办法第三十二条，未建立健全并严格执行充装或者装载查验、记录制度的，应当按照职责分工责令改正，处1万元以上3万元以下的罚款。

第四节　收货及车辆排空作业要求

《办法》条款

第三十三条　收货人应当及时收货，并按照安全操作规程进行卸货作业。
第三十四条　禁止危险货物运输车辆在卸货后直接实施排空作业等活动。

一、收货人要及时收货

承运人负责按照合同约定的时间，将危险货物运达收货人处。收货人应当及时收货，并按照安全操作规程进行卸货作业。

二、禁止危险货物运输车辆卸货后直接排空

"排空作业"特指压力容器。因为常压容器罐车（如运输汽油的油罐车），不可能将罐体中的液体全部卸干净。

禁止运输危险货物的压力容器罐车、气瓶等在卸货后直接排空，是指在卸载后的压力容器罐车、气瓶等内必须保留有一定的剩余气体和保持一定的压力（不允许将容器内的压力卸载至完全与外界大气压一样，要有残留压力），以保证继续储运原装的气体和保证气体的纯洁性（纯度），不允许有其他气体混入容器。这也是空的压力容器罐车和气瓶应与原装物品的条件相同，按危险货物运输的原因。

举例说明：①乙炔气瓶，必须含有余压（保留规定充装量的0.5%～1.0%的剩余气体）。乙炔气瓶里面溶剂是丙酮，乙炔本身具有高度可燃可爆性，如空瓶中没有余压，空气进入气瓶会发生火灾或爆炸。②使用氧气时，不得将瓶内氧气全部用完，最少应留0.1MPa，以便在再装氧气时吹除灰尘和避免混进其他气体。由于气瓶内有余压，剩余的气体属于危险货物，故"空气瓶"也是危险货物，也要按危险货物道路运输管理。

本章内容梳理如图5-3所示。

《办法》提出了建立两个制度：一是装货人建立危险货物装货记录制度；二是充装或者装载危险化学品的生产、储存、运输、使用和经营企业，建立健全充装或者装载

查验、记录制度。这两个制度与总则第七条"装货人应当制定危险货物道路运输作业查验、记录制度"的要求相呼应。

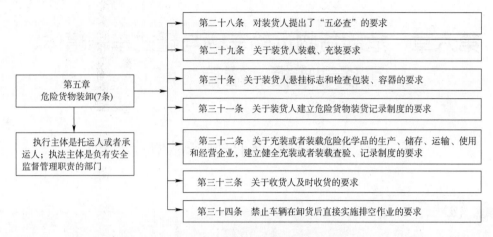

图5-3 本章内容梳理图

第六章 危险货物运输车辆与罐式车辆罐体、可移动罐柜、罐箱

第一节 危险货物运输车辆产品型号及类型

> **《办法》条款**
>
> 第三十五条 工业和信息化主管部门应当通过《道路机动车辆生产企业及产品公告》公布产品型号,并按照《危险货物运输车辆结构要求》(GB 21668)公布危险货物运输车辆类型。
>
> 第三十六条 危险货物运输车辆生产企业应当按照工业和信息化主管部门公布的产品型号进行生产。危险货物运输车辆应当获得国家强制性产品认证证书。
>
> 第三十七条 危险货物运输车辆生产企业应当按照《危险货物运输车辆结构要求》(GB 21668)标注危险货物运输车辆的类型。

一、危险货物运输车辆产品型号

1.《道路机动车辆生产企业及产品公告》

工业和信息化部通过《道路机动车辆生产企业及产品公告》(以下简称《公告》),对道路机动车辆生产企业及产品进行准入管理。《公告》可在工业和信息化部网站查询,其中每个产品包括序号、企业名称、目录序号、商标、产品名称、产品型号等信息。如某公司生产的产品名称为易燃气体厢式运输车,产品型号为 EZW5033XRQS6,允许装载:压缩氢,类项号2.1;运输具有独立容器(瓶)包装的非易燃无毒气体:液化气体(非易燃,充有氮、二氧化碳或空气),压缩氧(氮、空气、氖、氩、氪),二氧化碳,类项号2.2。

公安交通管理部门依据《公告》公布的产品型号,为机动车辆上牌照。危险货物运输车辆生产企业应当按照工业和信息化主管部门公布的产品型号进行生产。

《罐体检验报告》由检验机构负责发放,给出了允许充装介质。

2. 国家强制性产品认证证书

为规范强制性产品认证工作,提高认证有效性,维护国家、社会和公共利益,根据《中华人民共和国认证认可条例》等法律、行政法规以及国家有关规定,国家质量监督

检验检疫总局制定了《强制性产品认证管理规定》（国家质量监督检验检疫总局令第117号）。《强制性产品认证管理规定》规定，为保护国家安全、防止欺诈行为、保护人体健康或者安全、保护动植物生命或者健康、保护环境，国家规定的相关产品必须经过认证（以下简称强制性产品认证），并标注认证标志后，方可出厂、销售、进口或者在其他经营活动中使用。

> **知识链接**
>
> 《晋济高速公路山西晋城段岩后隧道"3·1"特别重大道路交通危化品燃爆事故调查报告》中指出：此次事故中的危险化学品罐式半挂车实际运输介质均与设计充装介质、公告批准、合格证记载的运输介质不相符。按照《道路运输液体危险货物罐式车辆 第1部分：金属常压罐体技术要求》（GB 18564.1—2006）的要求，不同的介质因为化学特性差异，在计算压力、卸料口位置和结构、安全泄放装置的设置要求等方面均存在差异，不按出厂标定介质充装，造成安全隐患。

国家强制性产品认证，是按照世贸有关协议和国际通行规则，国家依法对涉及人类健康安全、动植物生命安全和健康，以及环境保护和公共安全的产品实行统一的强制性产品认证制度。国家认证认可监督管理委员会统一负责国家强制性产品认证制度的管理和组织实施工作。国家强制性产品认证制度的主要特点是，国家公布统一的目录，确定统一适用的国家标准、技术规则和实施程序，制定统一的标志标识，规定统一的收费标准。凡列入强制性产品认证目录内的产品，必须经国家指定的认证机构认证合格，取得相关证书并加施认证标志后，方能出厂、进口、销售和在经营服务场所使用。

另外，《危险化学品安全管理条例》规定，危险货物运输罐车生产企业生产列入国家实行生产许可证制度的工业产品目录的危险化学品包装物、容器的企业，应当依照《工业产品生产许可证管理条例》的规定，取得工业产品生产许可证；其生产的危险化学品包装物、容器经国务院质检部门认定的检验机构检验合格，方可出厂销售。

二、危险货物运输车辆类型

危险货物运输车辆生产企业应当按照《危险货物运输车辆结构要求》（GB 21668）标注危险货物运输车辆的类型。

《危险货物运输车辆结构要求》（GB 21668—2008）中涉及的危险货物运输车辆类型有：

（1）EX/Ⅱ型车辆，用于运输配载限额附录A中序列Ⅱ规定之爆炸性货物的车辆。

（2）EX/Ⅲ型车辆，运输爆炸品；附录A序列Ⅲ。

（3）FL型车辆，用于运输闪点高于61℃之液体或用于运输易燃气体的车辆，其载货容器为车载罐或罐式集装箱，容器的容积大于3m³。

（4）OX型车辆，用于运输稳定的过氧化氢或其水溶液（浓度大于60%）的车辆，其载货容器为车载罐或罐式集装箱，容器的容积大于3m³。

（5）AT型车辆，载货容器与FL型和OX型车辆相同的非FL型和OX型车辆。

第二节 常压罐式车辆罐体的生产、检验和使用要求

《办法》条款

第三十八条 液体危险化学品常压罐式车辆罐体生产企业应当取得工业产品生产许可证，生产的罐体应当符合《道路运输液体危险货物罐式车辆》（GB 18564）要求。

检验机构应当严格按照国家标准、行业标准及国家统一发布的检验业务规则，开展液体危险化学品常压罐式车辆罐体检验，对检验合格的罐体出具检验合格证书。检验合格证书包括罐体载质量、罐体容积、罐体编号、适装介质列表和下次检验日期等内容。

检验机构名录及检验业务规则由国务院市场监督管理部门、国务院交通运输主管部门共同公布。

第三十九条 常压罐式车辆罐体生产企业应当按照要求为罐体分配并标注唯一性编码。

第四十条 罐式车辆罐体应当在检验有效期内装载危险货物。

第四十一条 装载危险货物的常压罐式车辆罐体的重大维修、改造，应当委托具备罐体生产资质的企业实施，并通过具有专业资质的检验机构维修、改造检验，取得检验合格证书，方可重新投入使用。

一、常压罐式车辆罐体的生产要求

常压罐式车辆罐体设计、制造企业应该按照国家标准《道路运输液体危险货物罐式车辆》（GB 18564）设计、制造常压罐式车辆罐体（以下简称罐体）。《危险化学品安全管理条例》规定，液体危险化学品常压罐式车辆罐体生产企业应当取得工业产品生产许可证。

条文链接

《危险化学品安全管理条例》第十八条第一款 生产列入国家实行生产许可证制度的工业产品目录的危险化学品包装物、容器的企业，应当依照《工业产品生产许可证管理条例》的规定，取得工业产品生产许可证；其生产的危险化学品包装物、容器经国务院质检部门认定的检验机构检验合格，方可出厂销售。

《标准化法》第二十五条 不符合强制性标准的产品、服务，不得生产、销售、进口或者提供。

《道路运输液体危险货物罐式车辆 第1部分：金属常压罐体技术要求》（GB 18564.1—2019）有关要求如下：

（1）5.2.10.4要求，罐体最大允许充装量应不大于罐车的核定载质量，即常压罐车满载（罐体装满）时，车辆不应该超载。因此，危险货物道路运输企业购买、使用的罐车，如果按照"车辆公告""罐体铭牌""罐体检验报告"或"罐体检验合格证书"上允许的充装介质充装时，罐车仍超载，则该罐车是不合格产品。

（2）5.4.2要求，罐体设计代码第三部分为B时，罐体应安装紧急切断装置。因此，如果罐体设计代码第三部分为B，但是罐体没有安装紧急切断装置，则该罐车为不合格产品。

（3）5.2.13对罐体壁厚提出了设计要求，罐体的壁厚与罐体选用的钢材、直径有关。如果罐体实际壁厚与标准不一致，则该罐体是不合格产品。

二、常压罐式车辆罐体的检验要求

常压罐车检验，是指常压罐车使用期间的检验，执行主体是检验机构。常压罐车检验的主要标准有《道路运输液体危险货物罐式车辆 第1部分：金属常压罐体技术要求》（GB 18564.1—2019）、《道路运输液体危险货物罐式车辆 第2部分：非金属常压罐体技术要求》（GB18564.2—2008）。

《危险化学品安全管理条例》规定，对重复使用的危险化学品包装物、容器，使用单位在重复使用前应当进行检查；发现存在安全隐患的，应当维修或者更换。使用单位应当对检查情况做出记录，记录的保存期限不得少于2年。因常压罐车属于"重复使用的危险化学品容器"，故也应当遵守上述规定。

检验机构名录及检验业务规则由国务院市场监督管理部门、国务院交通运输主管部门共同公布。检验机构对检验合格的罐体应当出具检验合格证书。检验合格证书所载的内容应包括：罐体载质量、罐体容积、罐体编号、适装介质列表和下次检验日期等内容。

知识链接

《交通运输部关于〈常压液体危险货物罐车治理工作方案（征求意见稿）〉公开征求意见的通知》相关要求：

（三）优化罐车准运介质管理。

按照《危险货物道路运输安全管理办法》《机动车运行安全技术条件》（GB 7258）、《道路运输液体危险货物罐式车辆 第1部分：金属常压罐体技术要求》（GB 18564.1—2019）等规章、标准的要求，罐车生产企业应在罐车产品使用说明书中载明适装介质，罐体检验机构应在罐体检验合格证书上载明适装介质列表。工业和信息化部进一步优化完善罐车公告管理，对于新申报和现存的罐车公告，按《危险货物运输车辆结构要求》（GB 21668）标注危险货物运输车辆类型，不再标注具体介质品名或项别。公安机关交通管理部门在办理危险货物运输车（罐车）登记业务时，不再核对准运介质的一致性。交通运输管理部门在为罐车配发道路运输证时，不再标注准运介质，在备注栏标注"适装介质见罐体检验合格证书"。

运输企业确需变更在用罐车适装介质列表的，可以结合本次罐车治理工作，在罐体检验前向原罐车生产企业提出变更要求。罐车生产企业应基于罐车和罐体设计和制造过程的技术资料，依据相关标准和规范对运输企业变更要求进行确认，对符合罐车安全技术和罐体兼容性条件的，向运输企业出具新的适装介质列表，并将适装介质列表变更的依据及相关设计、制造技术资料一并提供给运输企业。运输企业应将新的适装介质列表及相关技术资料交由罐体检验机构按照《道路运输液体危险货物罐式车辆金属常压罐体检验规则》进行检验确认。对于检验结论为合格的，检验机构要在检验报告和检验合格证书中明确新的适装介质范围。对于完成风险隐患排查检验并且《道路运输证》上标注准运介质的罐车，交通运输管理部门要在年度审验时换发道路运输证件，不再在《道路运输证》上标注准运介质，在备注栏标注"适装介质见罐体检验合格证书"。

 《办法》中的处罚条款

第七十三条　危险化学品常压罐式车辆罐体检验机构违反本办法第三十八条，为不符合相关法规和标准要求的危险化学品常压罐式车辆罐体出具检验合格证书的，按照有关法律法规的规定进行处罚。

三、适装介质列表

《办法》规定，检验机构应当在罐体《检验合格证书》上标明适装介质列表；装货人应当在罐式车辆罐体的适装介质列表范围内充装；承运人应当在罐式车辆罐体的适装介质列表范围内承运。且未在罐式车辆罐体的适装介质列表范围内或者移动式压力容器使用登记证上限定的介质承运危险货物的，交通运输主管部门对危险货物承运人责令改正，处2000元以上5000元以下的罚款。

四、罐体的唯一性编码

常压罐式车辆罐体生产企业负责给常压罐式车辆的罐体标注唯一性编码。国家标准《机动车安全运行技术条件》（GB 7258—2017）要求，罐体铭牌应注唯一编码；行业标准《危险货物道路运输营运车辆安全技术条件》（JT/T 1285—2020）要求，常压罐式车辆罐体铭牌上至少应包括罐体唯一性编码。国家标准《道路运输液体危险货物罐式车辆　第1部分：金属常压罐体技术要求》（GB 18564.1—2019）中未涉及"罐体唯一性编码"。"罐体唯一性编码"由罐生产企业编制。不涉及危险货物道路运输企业。

 条文链接

《机动车安全运行技术条件》（GB 7258—2017）中4.1.9危险货物运输车辆的标志应符合GB 13392的规定；其中，道路运输爆炸品和剧毒化学品车辆还应符合GB 20300的规定。罐式危险货物运输车辆的罐体或与罐体焊接的支架的右侧应有金属的罐体铭牌，罐体铭牌应注唯一编码、罐体设计代码、罐体容积等信息。

五、常压罐式车辆罐体的使用要求

罐式车辆罐体应当在检验有效期内装载危险货物。检验有效期届满后，罐式车辆罐体应当经具有专业资质的检验机构重新检验合格，方可投入使用。

常压罐式车辆罐体的重大维修、改造，要委托具备罐体生产资质企业且要取得检验合格证书。

第三节 可移动罐柜、罐箱的检验和使用要求

 《办法》条款

第四十二条 运输危险货物的可移动罐柜、罐箱应当经具有专业资质的检验机构检验合格，取得检验合格证书，并取得相应的安全合格标志，按照规定用途使用。

第四十三条 危险货物包装容器属于移动式压力容器或者气瓶的，还应当满足特种设备相关法律法规、安全技术规范以及国际条约的要求。

可移动罐柜、罐箱，是指常压容器，主要包括集装箱、集装罐，其应当经具有专业资质的检验机构检验合格，取得检验合格证书和相应的安全合格标志，并按照规定用途使用。罐箱后面的金属铭牌上以钢印的形式标有"安全合格标志"（CSC安全合格牌照），且每次检验后核发拓印（像打钢号一样打上去）。

关于"特种设备相关法律法规、安全技术规范"，根据《中华人民共和国特种设备安全法》第八条"特种设备生产、经营、使用、检验、检测应当遵守有关特种设备安全技术规范及相关标准"的有关规定，压力容器使用、维护等要执行"特种设备安全技术规范"（汉语拼音缩写"TSG"，其含义是：T—特种；S—设备；G—规程、规范；R—容器）。如特种设备要执行《移动式压力容器安全技术监察规程》（TSG R0005—2011）。

知识链接

CSC 安全合格牌照

CSC即"International Convention for Safe Container 国际集装箱安全公约"之缩写。依照本附件附录的规定,安全合格牌照应永久装置在每一获得批准的集装箱在靠近为官方使用而颁发的其他批准牌照旁的明显而又不易损坏的部位上。牌照(图6-1)上应至少用英文或法文写明以下情况。

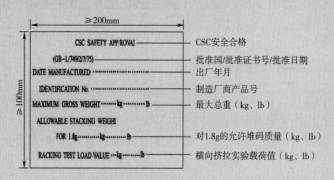

图6-1 CSC安全合格牌照

条文链接

《中华人民共和国特种设备安全法》相关要求:

第四条 国家对特种设备的生产、经营、使用,实施分类的、全过程的安全监督管理。

第五条 国务院负责特种设备安全监督管理的部门对全国特种设备安全实施监督管理。县级以上地方各级人民政府负责特种设备安全监督管理的部门对本行政区域内特种设备安全实施监督管理。

第四十九条 移动式压力容器、气瓶充装单位,应当具备下列条件,并经负责特种设备安全监督管理的部门许可,方可从事充装活动:

(一)有与充装和管理相适应的管理人员和技术人员;

(二)有与充装和管理相适应的充装设备、检测手段、场地厂房、器具、安全设施;

(三)有健全的充装管理制度、责任制度、处理措施。

充装单位应当建立充装前后的检查、记录制度,禁止对不符合安全技术规范要求的移动式压力容器和气瓶进行充装。

第八十五条 违反本法规定,移动式压力容器、气瓶充装单位有下列行为之一的,责令改正,处二万元以上二十万元以下罚款;情节严重的,吊销充装许可证:

（一）未按照规定实施充装前后的检查、记录制度的；

（二）对不符合安全技术规范要求的移动式压力容器和气瓶进行充装的。

违反本法规定，未经许可，擅自从事移动式压力容器或者气瓶充装活动的，予以取缔，没收违法充装的气瓶，处十万元以上五十万元以下罚款；有违法所得的，没收违法所得。

关于"国际条约"，由于我国是国际海事组织、国际航空组织成员国，故此条款适用我国危险货物的国际海运、国际航空运输。

《办法》中的处罚条款

第六十六条　对装货人违反本办法第四十三条，未按照规定实施移动式压力容器、气瓶充装查验、记录制度，或者对不符合安全技术规范要求的移动式压力容器、气瓶进行充装的，依照特种设备相关法律法规进行处罚。

第七章 危险货物运输车辆运行管理

第一节 危险货物运输人员和运输车辆要求

《办法》条款

第四十四条 在危险货物道路运输过程中，除驾驶人外，还应当在专用车辆上配备必要的押运人员，确保危险货物处于押运人员监管之下。

运输车辆应当安装、悬挂符合《道路运输危险货物车辆标志》（GB 13392）要求的警示标志，随车携带防护用品、应急救援器材和危险货物道路运输安全卡，严格遵守道路交通安全法律法规规定，保障道路运输安全。

运输爆炸品和剧毒化学品车辆还应当安装、粘贴符合《道路运输爆炸品和剧毒化学品车辆安全技术条件》（GB 20300）要求的安全标示牌。

运输剧毒化学品、民用爆炸物品、烟花爆竹、放射性物品或者危险废物时，还应当随车携带本办法第十五条规定的单证报告。

第四十五条 危险货物承运人应当按照《中华人民共和国反恐怖主义法》和《道路运输车辆动态监督管理办法》要求，在车辆运行期间通过定位系统对车辆和驾驶人进行监控管理。

一、配备押运人员

《道路运输条例》规定，运输危险货物应当配备必要的押运人员，保证危险货物处于押运人员的监管之下。因此，在危险货物道路运输过程中，除驾驶人员外，还应当在专用车辆上配备必要的押运人员，确保危险货物处于押运人员监管之下。

二、随车设备和证件

《危险化学品安全管理条例》规定，危险化学品运输车辆应当悬挂或者喷涂符合国家标准要求的警示标志。《道路危险货物运输管理规定》规定，专用车辆应当按照国家标准《道路运输危险货物车辆标志》（GB 13392）的要求悬挂标志。因此，危险货物道路运输车辆应当安装、悬挂符合《道路运输危险货物车辆标志》（GB 13392）要求的警示标志，随车携带防护用品、应急救援器材和危险货物道路运输安全卡，严格遵守道路交通安全法律法规规定，保障道路运输安全。

危险货物道路运输企业可以依据所有危险货物化学品安全技术说明书上的相关要求

或者依据《危险货物道路运输规则》（JT/T 617—2018）相关规定携带防护用品、应急救援器材和危险货物道路运输安全卡。

条文链接

《危险货物道路运输规则 第5部分：托运要求》（JT/T 617.5—2018）相关要求：

8.4 道路危险货物运输安全卡

8.4.1 在运输开始前，承运人应告知驾驶员所装载的危险货物信息，并提供道路危险货物运输安全卡（以下简称"安全卡"），确保其掌握安全卡内容并正确操作。

8.4.2 驾驶员应将安全卡放置于车辆驾驶室内易于获取的位置。

8.4.3 安全卡的格式和内容宜为四部分，且应符合附录D要求。

安全卡由以下四部分内容组成：

（1）第一部分规定事故发生后，车组人员需采取的基本应急救援措施（见本标准附录D表D.1）；

（2）第二部分规定不同类别项别危险货物发生危险事故时可能造成的后果，以及车组人员应采取的防护措施（见本标准附录DD.2）；

（3）第三部分规定危害环境物质和高温物质发生事故时可能造成的后果，以及车组人员应采取的防护措施（见本标准附录DD.3）；

（4）第四部分规定运输过程中应随车携带的基本安全应急设备（见本标准附录DD.4）。

危险废物、医疗废物、民用爆炸物品、烟花爆竹、放射性物品道路运输有关要求，参见附录。

《办法》中的处罚条款

第六十九条 公安机关对危险货物承运人违反本办法第四十四条，通过道路运输危险化学品不配备押运人员的，应当责令改正，处1万元以上5万元以下的罚款；构成违反治安管理行为的，依法给予治安管理处罚。

第七十条 公安机关对危险货物运输车辆违反本办法第四十四条，未按照要求安装、悬挂警示标志的，应当责令改正，并对承运人予以处罚：

（一）运输危险化学品的，处1万元以上5万元以下的罚款；

（二）运输民用爆炸物品的，处5万元以上20万元以下的罚款；

（三）运输烟花爆竹的，处200元以上2000元以下的罚款。

第七十一条 公安机关对危险货物承运人违反本办法第四十四条，运输剧毒化学品、民用爆炸物品、烟花爆竹或者放射性物品未随车携带相应单证报告的，应当责令改正，并予以处罚：

（一）运输剧毒化学品未随车携带剧毒化学品道路运输通行证的，处500元以上1000元以下的罚款；

（二）运输民用爆炸物品未随车携带民用爆炸物品运输许可证的，处5万元以上20万元以下的罚款；

（三）运输烟花爆竹未随车携带烟花爆竹道路运输许可证的，处200元以上2000元以下的罚款；

（四）运输放射性物品未随车携带放射性物品道路运输许可证明或者文件的，有违法所得的，处违法所得3倍以下且不超过3万元的罚款；没有违法所得的，处1万元以下的罚款。

三、承运人对驾驶人员和车辆进行监督

《中华人民共和国反恐怖主义法》规定，运输单位应当依照规定对运营中的危险化学品、民用爆炸物品、核与放射物品的运输工具通过定位系统实行监控。《道路运输车辆动态监督管理办法》规定，道路旅客运输企业、危险货物道路运输企业和拥有50辆及以上重型载货汽车或者牵引车的道路货物运输企业应当按照标准建设道路运输车辆动态监控平台，或者使用符合条件的社会化卫星定位系统监控平台，对所属道路运输车辆和驾驶人员运行过程进行实时监控和管理。

危险货物承运人应当按照《中华人民共和国反恐怖主义法》和《道路运输车辆动态监督管理办法》要求，在车辆运行期间通过定位系统对驾驶人员和车辆进行监控管理。

《办法》中的处罚条款

第六十三条　交通运输主管部门对危险货物承运人违反本办法第四十五条，未按照要求对运营中的危险化学品、民用爆炸物品、核与放射性物品的运输车辆通过定位系统实行监控的，应当给予警告，并责令改正；拒不改正的，处10万元以下的罚款，并对其直接负责的主管人员和其他直接责任人员处1万元以下的罚款。

第二节　运输过程中的安全要求

《办法》条款

第四十六条　危险货物运输车辆在高速公路上行驶速度不得超过80km/h，在其他道路上行驶速度不得超过60km/h。道路限速标志、标线标明的速度低于上述规定速度的，车辆行驶速度不得高于限速标志、标线标明的速度。

> 第四十七条　驾驶人应当确保罐式车辆罐体、可移动罐柜、罐箱的关闭装置在运输过程中处于关闭状态。
>
> 第四十八条　运输民用爆炸物品、烟花爆竹和剧毒、放射性等危险物品时，应当按照公安机关批准的路线、时间行驶。
>
> 第四十九条　有下列情形之一的，公安机关可以依法采取措施，限制危险货物运输车辆通行：
>
> （一）城市（含县城）重点地区、重点单位、人流密集场所、居民生活区；
>
> （二）饮用水水源保护区、重点景区、自然保护区；
>
> （三）特大桥梁、特长隧道、隧道群、桥隧相连路段及水下公路隧道；
>
> （四）坡长坡陡、临水临崖等通行条件差的山区公路；
>
> （五）法律、行政法规规定的其他可以限制通行的情形。
>
> 除法律、行政法规另有规定外，公安机关综合考虑相关因素，确需对通过高速公路运输危险化学品依法采取限制通行措施的，限制通行时段应当在0时至6时之间确定。
>
> 公安机关采取限制危险货物运输车辆通行措施的，应当提前向社会公布，并会同交通运输主管部门确定合理的绕行路线，设置明显的绕行提示标志。
>
> 第五十条　遇恶劣天气、重大活动、重要节假日、交通事故、突发事件等，公安机关可以临时限制危险货物运输车辆通行，并做好告知提示。
>
> 第五十一条　危险货物运输车辆需在高速公路服务区停车的，驾驶人、押运人员应当按照有关规定采取相应的安全防范措施。

一、按照限速要求驾驶

《机动车安全运行技术条件》（GB 7258—2017）规定，危险货物运输货车不应大于80km/h；《危险货物道路运输营运车辆安全技术条件》（JT/T 1285—2020）要求，危险货物运输货车应具有符合GB/T 24542规定的限速功能，且限速功能调定的最高车速不应超过80km/h。

因此，危险货物运输车辆要按照限速要求行驶，即在高速公路上行驶速度不得超过80km/h，在其他道路上行驶速度不得超过60 km/h。道路限速标志、标线标明的速度低于上述规定速度的，车辆行驶速度不得高于限速标志、标线标明的速度。

二、按照限行路线和时间行驶

《道路交通安全法》规定，机动车载运爆炸物品、易燃易爆化学物品以及剧毒、放射性等危险物品，应当经公安机关批准后，按指定的时间、路线、速度行驶，悬挂警示标志并采取必要的安全措施。

《危险化学品安全管理条例》规定，未经公安机关批准，运输危险化学品的车辆不得进入危险化学品运输车辆限制通行的区域。危险化学品运输车辆限制通行的区域由县级人民政府公安机关划定，并设置明显的标志。

《道路危险货物运输管理规定》规定，危险货物运输道路企业或者单位应当要求驾驶人员和押运人员在运输危险货物时，严格遵守有关部门关于危险货物运输线路、时间、速度方面的有关规定，并遵守有关部门关于剧毒、爆炸危险品道路运输车辆在重大节假日通行高速公路的相关规定。

因此，危险货物道路运输车辆要按照限行路线和时间行驶，遇恶劣天气、重大活动、重要节假日、交通事故、突发事件等，要按照公安机关临时限制通行要求出行。

《办法》中的处罚条款

第七十二条　公安机关对危险货物运输车辆违反本办法第四十八条，未依照批准路线等行驶的，应当责令改正，并对承运人予以处罚：

（一）运输剧毒化学品的，处1000元以上1万元以下的罚款；

（二）运输民用爆炸物品的，处5万元以上20万元以下的罚款；

（三）运输烟花爆竹的，处200元以上2000元以下的罚款；

（四）运输放射性物品的，处2万元以上10万元以下的罚款。

三、安全停车

《道路危险货物运输管理规定》规定，危险货物道路运输途中，驾驶人员不得随意停车。因住宿或者发生影响正常运输的情况需要较长时间停车的，驾驶人员、押运人员应当设置警戒带，并采取相应的安全防范措施。运输剧毒化学品或者易制爆危险化学品需要较长时间停车的，驾驶人员或者押运人员应当向当地公安机关报告。危险货物运输车辆需在高速公路服务区停车的，驾驶人员、押运人员应当按照有关规定采取相应的安全防范措施。

本章内容梳理图如图7-1所示。

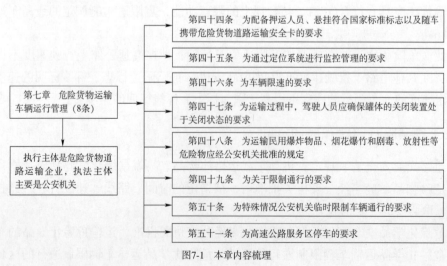

图7-1　本章内容梳理

第八章　监督检查

第一节　负有安全监督管理职责的部门的监督检查职责

> **《办法》条款**
>
> 第五十二条　对危险货物道路运输负有安全监督管理职责的部门，应当依照下列规定加强监督检查：
>
> （一）交通运输主管部门负责核发危险货物道路运输经营许可证，定期对危险货物道路运输企业动态监控工作的情况进行考核，依法对危险货物道路运输企业进行监督检查，负责对运输环节充装查验、核准、记录等进行监管。
>
> （二）工业和信息化主管部门应当依法对《道路机动车辆生产企业及产品公告》内的危险货物运输车辆生产企业进行监督检查，依法查处违法违规生产企业及产品。
>
> （三）公安机关负责核发剧毒化学品道路运输通行证、民用爆炸物品运输许可证、烟花爆竹道路运输许可证和放射性物品运输许可证明或者文件，并负责危险货物运输车辆的通行秩序管理。
>
> （四）生态环境主管部门应当依法对放射性物品运输容器的设计、制造和使用等进行监督检查，负责监督核设施营运单位、核技术利用单位建立健全并执行托运及充装管理制度规程。
>
> （五）应急管理部门和其他负有安全生产监督管理职责的部门依法负责危险化学品生产、储存、使用和经营环节的监管，按照职责分工督促企业建立健全充装管理制度规程。
>
> （六）市场监督管理部门负责依法查处危险化学品及常压罐式车辆罐体质量违法行为和常压罐式车辆罐体检验机构出具虚假检验合格证书的行为。

各负有安全监督管理职责的部门的监督检查职责可参考第二章内容。

第二节　对危险货物道路运输监督执法的工作机制

> **《办法》条款**
>
> 第五十三条　对危险货物道路运输负有安全监督管理职责的部门，应当建立联合执法协作机制。

危险货物道路运输全链条安全监管实务
——《危险货物道路运输安全管理办法》学习指南

> 第五十四条 对危险货物道路运输负有安全监督管理职责的部门发现危险货物托运、承运或者装载过程中存在重大隐患，有可能发生安全事故的，应当要求其停止作业并消除隐患。
>
> 第五十五条 对危险货物道路运输负有安全监督管理职责的部门监督检查时，发现需由其他负有安全监督管理职责的部门处理的违法行为，应当及时移交。
>
> 其他负有安全监督管理职责的部门应当接收，依法处理，并将处理结果反馈移交部门。

一、联合执法机制

对危险货物道路运输负有安全监督管理职责的部门，应当建立联合执法协作机制。

二、消除隐患

《公路水路行业安全生产隐患治理暂行办法》将"安全生产隐患"定义为：生产经营单位违反安全生产法律、法规、规章、标准、规程和安全生产管理制度等规定，或因其他因素在生产经营活动中存在的可能导致安全生产事故发生的人的不安全行为、物的不安全状态、场所的不安全因素和管理上的缺陷。隐患分为重大隐患和一般隐患两个等级。各重点领域重大隐患分级判定指南由交通运输部另行颁布。对危险货物道路运输负有安全监督管理职责的部门发现危险货物托运、承运或者装载过程中存在重大隐患，有可能发生安全事故的，应当要求其停止作业并消除隐患。

三、移交处理

《危险化学品安全管理条例》规定，任何单位和个人对违反本条例规定的行为，有权向负有危险化学品安全监督管理职责的部门举报。负有危险化学品安全监督管理职责的部门接到举报，应当及时依法处理；对不属于本部门职责的，应当及时移送有关部门处理。

《道路危险货物运输管理规定》规定，危险货物道路运输管理机构应当公布举报电话，并在接到举报后及时依法处理；对不属于本部门职责的，应当及时移送有关部门处理。

因此，对危险货物道路运输负有安全监督管理职责的部门监督检查时，发现需由其他负有安全监督管理职责的部门处理的违法行为，应当及时移交。其他负有安全监督管理职责的部门应当接收，依法处理，并将处理结果反馈移交部门。

本章内容梳理图如图8-1所示。

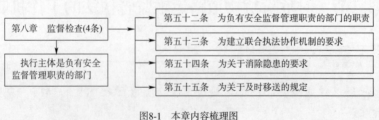

图8-1 本章内容梳理图

附录　危险废物、医疗废物、民用爆炸物品、烟花爆竹、放射性物品道路运输有关要求

一、危险废物道路运输有关要求

为防治固体废物污染环境，保障人体健康，维护生态安全，促进经济社会可持续发展，我国制定了《中华人民共和国固体废物污染环境防治法》（以下简称《固体废物污染环境防治法》）。《固体废物污染环境防治法》分为总则，固体废物污染环境防治的监督管理，固体废物污染环境的防治，危险废物污染环境防治的特别规定，法律责任，附则等6章，共91条。

1. 危险废物的定义

《固体废物污染环境防治法》规定，危险废物是指列入国家危险废物名录或者根据国家规定的危险废物鉴别标准和鉴别方法认定的具有危险特性的固体废物。国务院环境保护行政主管部门应当会同国务院有关部门制定《国家危险废物名录》，规定统一的危险废物鉴别标准、鉴别方法和识别标志。危险废物以列入《国家危险废物名录》的为准。未列入《国家危险废物名录》或新产生的危险废物，也可以根据国家规定的危险废物鉴别标准和鉴别方法认定。

国家环境保护部联合国家发展和改革委员会、公安部向社会发布的《国家危险废物名录（2016版）》（环境保护部令第39号），自2016年8月1日起施行，样式见附图1。《国家危险废物名录》（2016版）将危险废物分为46大类，479种（其中117种为新增），并给出了《危险废物豁免管理清单》。

> **知识链接**
>
> **国家危险废物名录**
>
> 第一条　根据《中华人民共和国固体废物污染环境防治法》的有关规定，制定本名录。
>
> 第二条　具有下列情形之一的固体废物（包括液态废物），列入本名录：
>
> （一）具有腐蚀性、毒性、易燃性、反应性或者感染性等一种或者几种危险特性的。
>
> （二）不排除具有危险特性，可能对环境或者人体健康造成有害影响，需要按照危险废物进行管理的。

第三条 医疗废物属于危险废物。医疗废物分类按照《医疗废物分类目录》执行。

第四条 列入《危险化学品目录》的化学品废弃后属于危险废物。

第五条 列入本名录附录《危险废物豁免管理清单》中的危险废物，在所列的豁免环节，且满足相应的豁免条件时，可以按照豁免内容的规定实行豁免管理。

第六条 危险废物与其他固体废物的混合物，以及危险废物处理后的废物的属性判定，按照国家规定的危险废物鉴别标准执行。

第七条 本名录中有关术语的含义如下：

（一）废物类别，是在《控制危险废物越境转移及其处置巴塞尔公约》划定的类别基础上，结合我国实际情况对危险废物进行的分类。

（二）行业来源，是指危险废物的产生行业。

（三）废物代码，是指危险废物的唯一代码，为8位数字。其中，第1~3位为危险废物产生行业代码（依据《国民经济行业分类》（GB/T 4754—2011）确定），第4~6位为危险废物顺序代码，第7~8位为危险废物类别代码。

（四）危险特性，包括腐蚀性（Corrosivity,C）、毒性（Toxicity,T）、易燃性（Ignitability,I）、反应性（Reactivity,R）和感染性（Infectivity,In）。

第八条 对不明确是否具有危险特性的固体废物，应当按照国家规定的危险废物鉴别标准和鉴别方法予以认定。

经鉴别具有危险特性的，属于危险废物，应当根据其主要有害成分和危险特性确定所属废物类别，并按代码"900-000-××"（××为危险废物类别代码）进行归类管理。

经鉴别不具有危险特性的，不属于危险废物。

第九条 本名录自2016年8月1日起施行。2008年6月6日环境保护部、国家发展和改革委员会发布的《国家危险废物名录》（环境保护部、国家发展和改革委员会令第1号）同时废止。

《危险货物道路运输规则 第2部分：分类》（JT/T 617.2—2018）引用了《国家危险废物名录》。

2. 危险废物豁免管理清单

《国家危险废物名录（2016版）》第五条规定，列入本名录附录《危险废物豁免管理清单》中的危险废物，在所列的豁免环节，且满足相应的豁免条件时，可以按照豁免内容的规定实行豁免管理。

《危险废物豁免管理清单》中列出的16种危险废物，在所列的豁免环节及相应的豁免条件下，可以按照豁免内容实行豁免管理。其中7种危险废物的某个特定环节已经在相关标准中被豁免，如生活垃圾焚烧飞灰满足入场标准后可进入生活垃圾填埋场填埋（填埋场不需要危险废物经营许可证）；另外9种危险废物的某个特定环节可以在现有研究基础上被豁免，如废弃电路板在运输工具满足防雨、防渗漏、防遗撒要求时可以不按危险废物进行运输。

废物类别	行业来源	废物代码	危险废物	危险特性
	精炼石油产品制造	251-004-08	石油炼制过程中溶气浮选工艺产生的浮渣	T, I
		251-005-08	石油炼制过程中产生的溢出废油或乳剂	T, I
		251-006-08	石油炼制换热器管束清洗过程中产生的含油污泥	T
		251-010-08	石油炼制过程中澄清油浆槽底沉积物	T, I
		251-011-08	石油炼制过程中进油管路过滤或分离装置产生的残渣	T, I
		251-012-08	石油炼制过程中产生的废过滤介质	T
	非特定行业	900-199-08	内燃机、汽车、轮船等集中拆解过程产生的废矿物油及油泥	T, I
		900-200-08	珩磨、研磨、打磨过程产生的废矿物油及油泥	T, I

附图1　《国家危险废物名录》（2016版）样式

危险废物豁免管理清单样式如附图2所示。

序号	废物类别/代码	危险废物	豁免环节	豁免条件	豁免内容
1	家庭源危险废物	家庭日常生活中产生的废药品及其包装物、废杀虫剂和消毒剂及其包装物、废油漆和溶剂及其包装物、废矿物油及其包装物、废胶片及废像纸、废荧光灯管、废温度计、废血压计、废镍镉电池和氧化汞电池以及电子类危险废物等	全部环节	未分类收集	全过程不按危险废物管理
			收集	分类收集	收集过程不按危险废物管理
2	193-002-21	含铬皮革废碎料	利用	用于生产皮件、再生革或静电植绒	利用过程不按危险废物管理
3	252-014-11	煤气净化产生的煤焦油	利用	满足《煤焦油标准（YB/T5075-2010）》，且作为原料深加工制取萘、洗油、蒽油等	利用过程不按危险废物管理

附图2　《危险废物豁免管理清单》样式

3. 危险废物道路运输

根据《固体废物污染环境防治法》，危险废物道路运输的要求有：

（1）必须采取防止污染环境的措施，并遵守国家有关危险货物运输管理的规定。禁止将危险废物与旅客在同一运输工具中载运。

（2）危险废物的容器和包装物以及收集、储存、运输、处置危险废物的设施、场所，必须设置危险废物识别标志。

（3）收集、储存危险废物，必须按照危险废物特性分类进行。禁止混合收集、储存、运输、处置性质不相容而未经安全性处置的危险废物。禁止将危险废物混入非危险废物中储存。

（4）直接从事收集、储存、运输、利用、处置危险废物的人员，应当接受专业培训，经考核合格，方可从事该项工作。

（5）产生、收集、储存、运输、利用、处置危险废物的单位，应当制定在发生意外事故时采取的应急措施和防范措施，并向所在地县级以上地方人民政府环境保护行政主管部门报告；环境保护行政主管部门应当进行检查。

（6）转移危险废物的，必须按照国家有关规定填写危险废物转移联单，并向危险废物移出地设区的市级以上地方人民政府环境保护行政主管部门提出申请。移出地设区的市级以上地方人民政府环境保护行政主管部门应当经接受地设区的市级以上地方人民政府环境保护行政主管部门同意后，方可批准转移该危险废物。未经批准的，不得转移。

遵守国家有关危险货物道路运输管理的规定，是指危险货物道路运输企业可以向道路运输管理机构申请危险废物道路运输（附表1）。获得许可后在有关道路运输证件的经营范围处标注"危险废物"，且运输车辆需悬挂相应标识（附图3）。

附图3　危险废物标志

危险货物道路运输经营申请表　　　　　　　附表1

受理申请机关专用危险货物道路运输经营申请表
说明： 1. 本表根据《道路危险货物运输管理规定》制作，申请从事危险货物道路运输经营应当向所在地设区的市级道路运输管理机构提出申请，填写本表，并同时提交其他相关材料； 2. 本表可向道路运输管理机构免费索取，也可自行从交通运输部网站（www.mot.gov.cn）下载打印； 3. 本表需用钢笔填写或者计算机打印，请用正楷，要求字迹工整
申请人基本信息： 申请人名称： 要求填写企业（公司）全称或企业预先核准全称： 负责人姓名经办人姓名： 通信地址： 邮编电话： 手机电子邮箱：
申请许可内容（首次申请危险货物道路运输经营的填写） 一、类别 　　□第1类　□第2类　□第3类　□第4类 　　□第5类　□第6类　□第8类　□第9类 　　□剧毒化学品　□医疗废物　□危险废物 二、项别（剧毒化学品除外） 　　□1.1项　□1.2项　□1.3项　□1.4项 　　□1.5项　□1.6项　□2.1项　□2.2项 　　□2.3项　□4.1项　□4.2项　□4.3项 　　□5.1项　□5.2项　□6.1项　□6.2项 三、品名［如是剧毒化学品，应在品名后括号标注"剧毒"，如"液氯（剧毒）"］ 注： 1. 勾选某类经营范围的，不必再勾选该类内的项别，反之亦然；按品名申请的，不必勾选； 　　该品名对应的类别或项别（下同）。 2. 如许可内容没有剧毒化学品，要在《道路运输经营许可证》经营范围内标注"剧毒化学品除外"

知识链接

《关于危险废物是否纳入道路危险货物运输管理有关问题的复函》（交函运〔2012〕309号）相关要求：

云南省交通运输厅：

你厅《关于危险废物是否纳入道路危险货物运输管理有关问题的请示》（云交运管〔2012〕854号）收悉。经研究，函复如下：

一、《中华人民共和国固体废物污染环境防治法》第六十条规定，"运输危险废物，必须采取防止污染环境的措施，并遵守国家有关危险货物运输管理的规定"；《医疗废物管理条例》第二十六条规定，"医疗废物集中处置单位运送医疗废物，应当遵守道路危险货物运输管理规定"。因此，危险废物、医疗废物道路运输应遵守《道路危险货物运输管理规定》，其《道路运输经营许可证》的经营范围应核定为：危险废物、医疗废物。

二、从事危险废物、医疗废物道路运输的驾驶人员、押运人员、装卸管理人员都应当取得相应的道路危险货物运输从业资格。

2012年12月17日

4. 危险废物转移联单管理制度

《固体废物污染环境防治法》第五十九条规定，转移危险废物的必须按照国家有关规定填写危险废物转移联单。为加强对危险废物转移的有效监督，实施危险废物转移联单制度，根据《固体废物污染环境防治法》有关规定，国家环境保护总局制定了《危险废物转移联单管理办法》，自1999年10月1日起施行。

《危险废物转移联单管理办法》第十四条规定，危险废物转移联单（以下简称联单）由国务院环境保护行政主管部门统一制定，由省、自治区、直辖市人民政府环境保护行政主管部门印制。

联单共分五联，颜色分别为：第一联，白色；第二联，红色；第三联，黄色；第四联，蓝色；第五联，绿色（附图4）。

联单编号由十位阿拉伯数字组成。第一位、第二位数字为省级行政区划代码，第三位、第四位数字为省辖市级行政区划代码，第五位、第六位数字为危险废物类别代码，其余四位数字由发放空白联单的危险废物移出地省辖市级人民政府环境保护行政主管部门按照危险废物转移流水号依次编制。联单由直辖市人民政府环境保护行政主管部门发放的，其编号第三位、第四位数字为零。

联单的使用方法为：由危险废物产生单位填写一份联单，联单第一联副联自留；第二联交移出地环境保护行政主管部门；第一联正联及其余各联（第二联副联、第三联、第四联、第五联）交付运输单位随危险废物转移运行。也就是说，运输单位要持联单随危险废物转移运行,如附图5所示。

附图4 危险废物转移联单样式

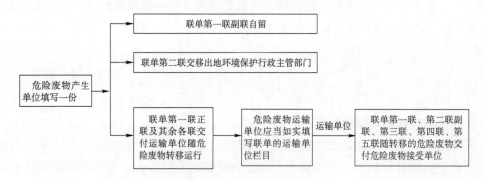

附图5 危险废物转移联单的使用方法

二、医疗废物道路运输有关要求

为加强医疗废物的安全管理,防止疾病传播,保护环境,保障人体健康,根据《中华人民共和国传染病防治法》和《中华人民共和国固体废物污染环境防治法》制定了《医疗废物管理条例》(国务院令第380号)。《医疗废物管理条例》分为总则,医疗废物管理的一般规定,医疗卫生机构对医疗废物的管理,医疗废物的集中处置,监督管理,法律责任,附则等7章,共57条;自2003年6月16日起施行。

1. 医疗废物的定义

《医疗废物管理条例》规定,医疗废物是指医疗卫生机构在医疗、预防、保健以及其他相关活动中产生的具有直接或者间接感染性、毒性以及其他危害性的废物。《国家危险废物名录》第三条规定,医疗废物属于危险废物。医疗废物分类按照《医疗废物分类目录》执行。《医疗废物分类目录》由国务院卫生行政主管部门和环境保护行政主管部门共同制定、公布。医疗废物以列入《医疗废物分类目录》(附表2)的为准。

医疗废物分类目录　　　　　　　　　　　　　　　　　　　附表2

类别	特　征	常见组分或者废物名称
感染性废物	携带病原微生物具有引发感染性疾病传播危险的医疗废物	1. 被病人血液、体液、排泄物污染的物品，包括： ①棉球、棉签、引流棉条、纱布及其他各种敷料； ②一次性使用卫生用品、一次性使用医疗用品及一次性医疗器械； ③废弃的被服； ④其他被病人血液、体液、排泄物污染的物品
		2. 医疗机构收治的隔离传染病病人或者疑似传染病病人产生的生活垃圾
		3. 病原体的培养基、标本和菌种、毒种保存液
		4. 各种废弃的医学标本
		5. 废弃的血液、血清
		6. 使用后的一次性使用医疗用品及一次性医疗器械视为感染性废物
病理性废物	诊疗过程中产生的人体废弃物和医学实验动物尸体等	1. 手术及其他诊疗过程中产生的废弃的人体组织、器官等
		2. 医学实验动物的组织、尸体
		3. 病理切片后废弃的人体组织、病理蜡块等
损伤性废物	能够刺伤或者割伤人体的废弃的医用锐器	1. 医用针头、缝合针
		2. 各类医用锐器，包括：解剖刀、手术刀、备皮刀、手术锯等
		3. 载玻片、玻璃试管、玻璃安瓿等
药物性废物	过期、淘汰、变质或者被污染的废弃的药品	1. 废弃的一般性药品，如：抗生素、非处方类药品等
		2. 废弃的细胞毒性药物和遗传毒性药物，包括： ①致癌性药物，如硫唑嘌呤、苯丁酸氮芥、萘氮芥、环孢霉素、环磷酰胺、苯丙氨酸氮芥、司莫司汀、三苯氧氨、硫替派等； ②可疑致癌性药物，如：顺铂、丝裂霉素、阿霉素、苯巴比妥等； ③免疫抑制剂
		3. 废弃的疫苗、血液制品等
化学性废物	具有毒性、腐蚀性、易燃易爆性的废弃的化学物品	1. 医学影像室、实验室废弃的化学试剂
		2. 废弃的过氧乙酸、戊二醛等化学消毒剂
		3. 废弃的汞血压计、汞温度计

注：1. 一次性使用卫生用品是指使用一次后即丢弃的，与人体直接或者间接接触的，并为达到人体生理卫生或者卫生保健目的而使用的各种日常生活用品。

2. 一次性使用医疗用品是指临床用于病人检查、诊断、治疗、护理的指套、手套、吸痰管、阴道窥镜、肛镜、印模托盘、治疗巾、皮肤清洁巾、擦手巾、压舌板、臀垫等接触完整黏膜、皮肤的各类一次性使用医疗、护理用品。

3. 一次性医疗器械指《医疗器械管理条例》及相关配套文件所规定的用于人体的一次性仪器、设备、器具、材料等物品。医疗卫生机构废弃的麻醉、精神、放射性、毒性等药品及其相关的废物的管理，依照有关法律、行政法规和国家有关规定、标准执行。

2. 医疗废物道路运输

根据《医疗废物管理条例》，医疗废物道路运输的要求有：

（1）医疗废物集中处置单位运送医疗废物，应当遵守国家有关危险货物运输管理的规定，使用有明显医疗废物标识的专用车辆。医疗废物专用车辆应当达到防渗漏、防遗撒以及其他环境保护和卫生要求。运送医疗废物的专用车辆不得运送其他物品。

（2）医疗卫生机构和医疗废物集中处置单位，应当采取有效的职业卫生防护措施，为从事医疗废物收集、运送、储存、处置等工作的人员和管理人员，配备必要的防护用品，定期进行健康检查；必要时，对有关人员进行免疫接种，防止其受到健康损害。

（3）禁止任何单位和个人转让、买卖医疗废物。禁止在运送过程中丢弃医疗废物；禁止在非储存地点倾倒、堆放医疗废物或将医疗废物混入其他废物和生活垃圾。禁止将医疗废物与旅客在同一运输工具上载运。禁止在饮用水源保护区的水体上运输医疗废物。

（4）转让、买卖医疗废物，邮寄或通过铁路、航空运输医疗废物，或违反本条例规定通过水路运输医疗废物的，由县级以上地方人民政府环境保护行政主管部门责令转让、买卖双方、邮寄人、托运人立即停止违法行为，给予警告，没收违法所得；违法所得5000元以上的，并处违法所得2倍以上5倍以下的罚款；没有违法所得或违法所得不足5000元的，并处5000元以上2万元以下的罚款。

（5）根据条例，托运医疗废物的，应当向承运人提供环境保护主管部门核发的危险废物转移联单。即医疗卫生机构和医疗废物集中处置单位，应当依照《中华人民共和国固体废物污染环境防治法》的规定，执行危险废物转移联单管理制度。

遵守国家有关危险货物道路运输管理的规定，是指危险货物道路运输企业可以向道路运输管理机构申请医疗废物道路运输（附表1）。获得许可后在有关道路运输证件的经营范围处标注"医疗废物"，且运输车辆需悬挂相应标志（附图6）。

附图6　医疗废物标志

三、民用爆炸物品道路运输有关要求

为加强对民用爆炸物品的安全管理，预防爆炸事故发生，保障公民生命、财产安全和公共安全，国务院制定了《民用爆炸物品安全管理条例》（国务院令第466号），自2006年9月1日起施行。《民用爆炸物品安全管理条例》分为总则，生产，销售和购买，运输，爆破作业，储存，法律责任，附则等8章，55条；适用于民用爆炸物品的生产、销售、购买、进出口、运输、爆破作业和储存以及硝酸铵的销售、购买。

1. 民用爆炸物品的定义

《民用爆炸物品安全管理条例》规定，民用爆炸物品是指用于非军事目的的、列入民用爆炸物品品名表的各类火药、炸药及其制品和雷管、导火索等点火、起爆器材，以列入《民用爆炸品品名表》的为准。《民用爆炸物品品名表》由国务院国防科技工业主管部门会同国务院公安部门制定、公布。

2006年11月9日，国防科学技术工业委员会、公安部制定的《民用爆炸物品品名表》（国防科工委、公安部公告2006年第1号）将民用爆炸物品分为：工业炸药、工业雷管、工业索类火工品、其他民用爆炸物品、原材料等5大类，59个品种。《民用爆炸物品品名表》样式，见附表3。

《民用爆炸物品品名表》样式　　　　　　　　　　　　　附表3

序号	名　称	英文名称	备　注
一、	工业炸药		
1	硝化甘油炸药	Nitroglycerine,NG	甘油三硝酸酯类混合炸药
2	铵梯类炸药	Ammonite	含铵梯油炸药
3	多孔粒状铵油炸药		
4	改性铵油炸药		
5	膨化硝铵炸药	ExpandedANexplosive	
6	其他铵油类炸药		含粉状铵油、铵松蜡、铵沥蜡炸药等
⋮	⋮	⋮	⋮
27	其他炸药制品		
二、	工业雷管		
28	工业火雷管	Flashdetonator	
29	工业电雷管	Electricdetonator	含普通电雷管和煤矿许用电雷管
⋮	⋮	⋮	⋮

《民用爆炸物品品名表》分为4栏，第1栏为"序号"；第2栏为"名称"；第3栏为"英文名称"；第4栏为"备注"。

2. 民用爆炸品道路运输

依据《民用爆炸物品安全管理条例》的规定，国家对民用爆炸物品的运输实行许可证制度，公安机关负责民用爆炸物品运输的安全监督管理。

1）办理民用爆炸物品运输许可证

经由道路运输民用爆炸物品的，收货单位应当向运达地县级人民政府公安机关提出申请，并提交包括下列内容的材料：

（1）民用爆炸物品生产企业、销售企业、使用单位以及进出口单位分别提供的民用爆炸物品生产许可证、民用爆炸物品销售许可证、民用爆炸物品购买许可证或者进出口批准证明。

（2）运输民用爆炸物品的品种、数量、包装材料和包装方式。

（3）运输民用爆炸物品的特性、出现险情的应急处置方法。

（4）运输时间、起始地点、运输路线、经停地点。

公安机关核发的民用爆炸物品运输许可证应当载明收货单位、销售企业、承运人，一次性运输有效期限、起始地点、运输路线、经停地点，民用爆炸物品的品种、数量。

2）道路运输要求

经由道路运输民用爆炸物品的，应当凭民用爆炸物品运输许可证，按照许可的品种、数量运输。经由道路运输民用爆炸物品的，应当遵守下列规定：

（1）携带民用爆炸物品运输许可证。

（2）民用爆炸物品的装载符合国家有关标准和规范，车厢内不得载人。

（3）运输车辆安全技术状况应当符合国家有关安全技术标准的要求，并按照规定悬挂或者安装符合国家标准的易燃易爆危险物品警示标志。

（4）运输民用爆炸物品的车辆应当保持安全车速。

（5）按照规定的路线行驶，途中经停应当有专人看守，并远离建筑设施和人口稠密的地方，不得在许可以外的地点经停。

（6）按照安全操作规程装卸民用爆炸物品，并在装卸现场设置警戒，禁止无关人员进入。

（7）出现危险情况立即采取必要的应急处置措施，并报告当地公安机关。

（8）民用爆炸物品运达目的地，收货单位应当进行验收后在民用爆炸物品运输许可证上签注，并在3日内将民用爆炸物品运输许可证交回发证机关核销。

3）注意事项

（1）从基本法律出发，由于《民用爆炸物品安全管理条例》没有要求民用爆炸物品的运输企业、车辆、人员提供危险货物道路运输资质、资格的要求，故只要持有公安机关核发的民用爆炸物品运输许可证，并满足"车辆安全技术状况应当符合国家有关安全技术标准的要求，并按照规定悬挂或者安装符合国家标准的易燃易爆危险物品警示标志"等要求，都可以运输民用爆炸物品。但民用爆炸物品道路运输单位，应注意《危险货物道路运输安全管理办法》对民用爆炸物品道路运输提出的具体要求。

（2）《民用爆炸物品安全管理条例》法律责任中，执法主体为"国防科技工业主管部门、公安机关"，不涉及交通运输部门。

（3）民用爆炸物品道路运输车辆，应参照执行《道路运输爆炸品和剧毒化学品车辆安全技术条件》（GB 20300）。

四、烟花爆竹道路运输有关要求

为加强烟花爆竹安全管理，预防爆炸事故发生，保障公共安全和人身、财产的安全，国务院颁布了《烟花爆竹安全管理条例》（国务院令第455号），自2006年1月21日起施行。《烟花爆竹安全管理条例》分为总则，安全生产，经营安全，运输安全，燃放安全，法律责任，附则等7章，共46条；适用于烟花爆竹的生产、经营、运输和燃放。

1. 烟花爆竹的定义

《烟花爆竹安全管理条例》规定，烟花爆竹是指烟花爆竹制品和用于生产烟花爆竹的民用黑火药、烟火药、引火线等物品。

2. 烟花爆竹道路运输

依据《烟花爆竹安全管理条例》的规定，国家对烟花爆竹的运输实行许可证制度；公安机关负责烟花爆竹运输的安全监督管理。

1）办理烟花爆竹道路运输许可证

经由道路运输烟花爆竹的，托运人应当向运达地县级人民政府公安部门提出申请，并提交下列有关材料：

（1）承运人从事危险货物运输的资质证明。

（2）驾驶人员、押运人员从事危险货物运输的资格证明。

（3）危险货物运输车辆的道路运输证明。

（4）托运人从事烟花爆竹生产、经营的资质证明。

（5）烟花爆竹的购销合同及运输烟花爆竹的种类、规格、数量。

（6）烟花爆竹的产品质量和包装合格证明。

（7）运输车辆牌号、运输时间、起始地点、行驶路线、经停地点。

烟花爆竹道路运输许可证应当载明托运人、承运人、一次性运输有效期限、起始地点、行驶路线、经停地点、烟花爆竹的种类、规格和数量。

2）道路运输要求

经由道路运输烟花爆竹的，除应当遵守《中华人民共和国道路交通安全法》外，还应当遵守下列规定：

（1）随车携带烟花爆竹道路运输许可证，并按照烟花爆竹道路运输许可证的许可事项进行运输，如托运人、承运人、一次性运输有效期限、起讫地点、行驶路线、经停地点、烟花爆竹的种类、规格和数量等，不得违反运输许可事项。

（2）运输车辆悬挂或者安装符合国家标准的易燃易爆危险物品警示标志。

（3）烟花爆竹的装载符合国家有关标准和规范。

（4）装载烟花爆竹的车厢不得载人。

（5）运输车辆限速行驶，途中经停必须有专人看守。

（6）出现危险情况立即采取必要的措施，并报告当地公安部门。

（7）烟花爆竹运达目的地后，收货人应当在3日内将烟花爆竹道路运输许可证交回发证机关核销。

3）注意事项

（1）持有烟花爆竹道路运输许可证运输烟花爆竹即为合法运输，但公安机关许可的前提是运输企业、车辆、从业人员要具有危险货物道路运输的资质、从业资格。

（2）《烟花爆竹安全管理条例》法律责任中，执法主体为"安全生产监督管理部门、公安部门、质量监督检验部门"，不涉及交通运输部门。

五、放射性物品道路运输有关要求

为加强对放射性物品运输的安全管理，保障人体健康，保护环境，促进核能、核技术的开发与和平利用，国务院根据《中华人民共和国放射性污染防治法》，制定了《放射性物品运输安全管理条例》（国务院令第562号），自2010年1月1日起施行。《放射性物品运输安全管理条例》分为总则，放射性物品运输容器的设计，放射性物品运输容器的制造与使用,放射性物品的运输,监督检查,法律责任,附则等7章,共68条;适用于放射性物品的运输和放射性物品运输容器的设计、制造等活动。

1. 放射性物品的定义

《放射性物品运输安全管理条例》规定,放射性物品是指含有放射性核素,并且其活度和比活度均高于国家规定的豁免值的物品。放射性物品的具体分类和名录,由国务院核安全监管部门会同国务院公安、卫生、海关、交通运输、铁路、民航、核工业行业主管部门制定。国务院核安全监管部门会同国务院有关部门制定了《放射性物品分类和名录(试行)》(环境保护部公告2010年第31号),即放射性物品以列入《放射性物品分类和名录(试行)》的为准,样式见附表4。

《放射性物品分类和名录》样式　　　　　　　　　　　　　附表4

分类	放射性物品	放射性物品举例	容器类型	货包(包件)类型	名称和说明[1]	联合国编号
一类	放射性活度大于A_1或A_2值的放射性物品[2]	如反应堆乏燃料、高水平放射性废物	B(U)	B(U)货包	放射性物品B(U)型货包,非易裂变的或例外易裂变的	2916
			B(U)F		放射性物品B(U)型货包,易裂变的	3328
			B(M)	B(M)货包	放射性物品B(M)型货包,非易裂变的或例外易裂变的	2917
			B(M)F		放射性物品B(M)型货包,易裂变的	3329
			C	C型货包	放射性物品C型货包,非易裂变的或例外易裂变的	3323
			CF		放射性物品C型货包,非易裂变	3330
	等于或大于0.1kg的六氟化铀		H(U) H(M)	六氟化铀货包	放射性物质六氟化铀,非易裂变的或例外易裂变的	2978
			H(U)F H(M)F		放射性物质六氟化铀,易裂变的	2977
	需特殊安排运输的放射性物品		T	特殊安排运输	特殊安排下的放射性物品,非易裂变的或例外易裂变的	2919
			X		特殊安排下的放射性物品,非易裂变的	3331

2. 放射性物品的分类

根据放射性物品的特性及其对人体健康和环境的潜在危害程度,将放射性物品分为一类、二类和三类。

①一类放射性物品,是指Ⅰ类放射源、高水平放射性废物、乏燃料等释放到环境后对人体健康和环境产生重大辐射影响的放射性物品。

②二类放射性物品,是指Ⅱ类和Ⅲ类放射源、中等水平放射性废物等释放到环境后对人体健康和环境产生一般辐射影响的放射性物品。

③三类放射性物品,是指Ⅳ类和Ⅴ类放射源、低水平放射性废物、放射性药品等释放到环境后对人体健康和环境产生较小辐射影响的放射性物品。

放射性物品分类及与有关产品,见附表5。

附录 危险废物、医疗废物、民用爆炸物品、烟花爆竹、放射性物品道路运输有关要求

附表5 放射性物品分类及与有关产品

放射性物品	放射源	其他放射性物品
一类	Ⅰ类	高水平放射性废物、乏燃料、钴-60放射源、γ刀治疗机、医用强钴源、工业辐照强钴源、锎-252中子源原料等
二类	Ⅱ类、Ⅲ类	中等水平放射性废物、测井用放射源、铯-137等密封放射源
三类	Ⅳ类、Ⅴ类	低水平放射性废物、放射性药品、爆炸物检测用放射源铯-137（0.5mCi）子母源罐等

3. 放射性物品道路运输

交通运输部依据《放射性物品运输安全管理条例》和《道条》，制定了《放射性物品道路运输管理规定》（交通运输部令2010年第6号），其中规定，放射性物品道路运输应执行《放射性物品运输安全管理条例》《放射性物品道路运输管理规定》和《放射性物质安全运输规程》（GB 11806—2019）。

《危险货物道路运输规则 第2部分：分类》（JT/T 617.2—2018）、《危险货物道路运输规则 第5部分：托运要求》（JT/T 617.5—2018）、《危险货物道路运输规则 第6部分：装卸条件及作业要求》（JT/T 617.6—2018）、《危险货物道路运输规则 第7部分：运输条件及作业要求》（JT/T 617.7—2018），在"规范性引用文件"中都引用了《放射性物质安全运输规程》（GB 11806）。这说明，《放射性物质安全运输规程》（GB 11806）是《危险货物道路运输规则》（JT/T 617—2018）的重要组成部分。

附录内容梳理图如附图7所示。

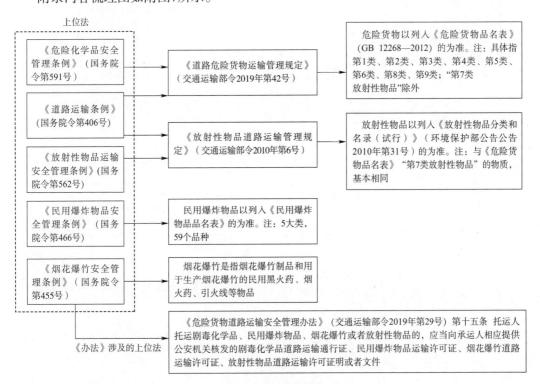

附图7 附录内容梳理图